AF632099

Los perros *siempre* muerden *a los* buenos

Martin Wehrle

Los perros *siempre* muerden *a los* buenos

Cómo ganarse el respeto, establecer límites y salir exitoso

Incluye el test «¿Soy demasiado amable?»

Traducción de Jorge Rus Sánchez

edaf

Título original: *Den Netten beissen die Hunde. Wie Sie sich Respekt verschaffen, Grenzen setzen und den verdienten Erfolg erlangen, por Martin Wehrle*

© 2021. Del texto, Mosaik Verlag, una división division of Penguin Random House Verlagsgruppe GmbH, München, Germany/ www.penguinrandomhouse.de

© 2024. De la traducción, Jorge Rus Sánchez

© 2024. De esta edición, Editorial Edaf, S.L.U., Jorge Juan, 68 - 28009 Madrid, con Penguin Random House Verlagsgruppe GmbH, Mosaik, Neumarkter. Str. 28, 81673 München, Germany, representados por Ute Körner Literary Agent, S.L.U., c/ Aragó 224, 2, 08011, Barcelona, España

Diseño de cubierta: JHM
Maquetación y diseño de interior: Diseño y Control Gráfico, S.L.

Todos los derechos reservados

Editorial Edaf, S.L.U.
Jorge Juan, 68,
28009 Madrid, España
Teléf.: (34) 91 435 82 60
www.edaf.net
edaf@edaf.net

Ediciones Algaba, S.A. de C.V.
Calle 21, Poniente 3323 - Entre la 33 sur y la 35 sur
Colonia Belisario Domínguez
Puebla 72180, México
Telf.: 52 22 22 11 13 87
jaime.breton@edaf.com.mx

Edaf del Plata, S.A.
Chile, 2222
1227 Buenos Aires (Argentina)
edafadmi@gmail.com

Edaf Chile, S.A.
Huérfanos 1178 - Oficina 501
Santiago - Chile
Telf: +56 9 4468 05 39/+56 9 4468 0597
comercialedafchile@edafchile.cl

Queda prohibida, salvo excepción prevista en la ley, cualquier forma de reproducción, distribución, comunicación pública y transformación de esta obra sin contar con la autorización de los titulares de la propiedad intelectual. La infracción de los derechos mencionados puede ser constitutiva de delito contra la propiedad intelectual (art. 270 y siguientes del Código Penal). El Centro Español de Derechos Reprográficos (CEDRO) vela por el respeto de los citados derechos.

Noviembre de 2024
ISBN: 978-84-414-4333-4
Depósito legal: M-18156-2024

PRINTED IN SPAIN IMPRESO EN ESPAÑA

COFÁS

Índice

PARTE 1

EL DRAMA DE LAS **PERSONAS AMABLES**

1

Por qué se abusa de la gente amable

En este capítulo aprenderás...

- Por qué no es una buena señal que a todo el mundo le resultes tan simpático.
- Cuáles son los dos programas de tu cabeza que te hacen decir «sí», aunque en realidad quieras decir «no».
- Por qué, según un estudio, las personas amables están especialmente mal vistas.
- Cómo estuve a punto de morir desangrado por el simple hecho de ser amable.

Test: ¿Soy demasiado amable?

Cuando alguien te dice que eres simpático, ¿te sientes bien por ello? ¿De verdad te alegras de corazón por este cumplido? O en el fondo tienes la incómoda sensación de que tal vez la otra persona solo te encuentra «simpático»...

- porque le sonríes, aunque estés de mal humor,
- porque le dejas tomar la iniciativa, en lugar de hacer valer tus intereses,
- porque le dices lo que quiere oír, en lugar de lo que realmente piensas,
- porque intuye que puede sacar tajada si se junta contigo,
- porque le dices que sí, aunque en realidad quieras decirle que no

Existe una amabilidad saludable que te ayuda y una amabilidad malsana que te perjudica. ¿Cuál de ellas practicas tú? Ahora puedes averiguarlo en tan solo unos minutos. En este test, te enfrentarás a doce situaciones delicadas que se dan en el transcurso de un día. Marca en cada caso el comportamiento que tiendes a adoptar. No aquello que consideras que es más inteligente, sino lo que es más probable que hicieras en esa situación. Este test te dirá si tu amabilidad te ayuda o te perjudica. Vamos allá:

Imagina que tu día empieza de forma inesperadamente temprana. A las cuatro de la mañana en punto, mucho antes de que sea la hora de levantarte, el golpeteo de un bajo eléctrico te despierta. Las paredes vibran, la música en el piso de al lado retumba con estruendo. Al parecer, tu vecino está teniendo otro de sus ataques nocturnos de *hard rock*, lo cuales se dan al menos dos veces al mes, entre las dos y las cuatro de la madrugada. Tu corazón se acelera, estás totalmente despierto. ¿Cómo reaccionas?

a) *Llamo a su puerta, le recuerdo la hora que es y le prohíbo que siga haciendo ruido. Si entonces no para, llamo a la policía.*

b) *Me abstengo de echarle la bronca en plena noche. En realidad, es una buena persona. Además, es posible que, después de todo, consiga volver a dormirme.*

El despertador suena a las seis de la mañana, pero tú sigues despierto. Totalmente agotado, te arrastras hasta el dormitorio de los niños y dices: «Arriba, ya es la hora». Tu hijo —pongamos que tienes uno—, no se mueve. Solo cuando se lo repites por segunda vez le oyes suplicar: «No he podido dormir nada por culpa de la música. Déjame dormir un poco más». Tú sabes que, si dejas que tu hijo duerma más allá de las seis, no podrás ir a trabajar. ¿Qué haces?

a) *Le digo: «Tienes que levantarte ya, si no, no nos dará tiempo. Quiero salir sin prisas y llegar a tiempo al trabajo».*

b) *Entiendo que mi hijo necesita dormir bien y no quiero ser demasiado estricto por la mañana: «Está bien, pero solo cinco minutos». Aunque puede que al final sean diez.*

Entras en la cocina, donde tu pareja acaba de terminar de desayunar. Siempre tiene que salir quince minutos antes que tú por la mañana, y ayer te prometió que limpiaría sus platos y prepararía el almuerzo del niño. Sin embargo, es evidente que hoy se ha olvidado de hacer ambas cosas. ¿Cómo reaccionas?

a) *Le digo: «¿Puedes recoger los platos y prepararle el almuerzo? Es lo que acordamos».*

b) *Me abstengo de montar una escena. Al fin y al cabo, también ha pasado mala noche a causa del ruido.*

Una hora más tarde, sales de casa con tu hijo, a toda prisa, naturalmente. Nada más salir por la puerta, te tropiezas con tu ruidoso vecino, que se dirige al trabajo con unas ojeras de aúpa. Se te acerca, sonríe tímidamente y te dice: «Siento mucho haber hecho tanto ruido esta noche. Te prometo que no volverá a ocurrir». ¿Cómo reaccionas?

a) *Le digo: «Me parece una falta de respeto, llevo despierto desde las cuatro de la mañana. Hace ya un tiempo que viene ocurriendo y es la segunda vez este mes. La próxima vez llamaré a la policía».*

b) *Valoro que haya sacado el tema y se haya disculpado. A mí me habría resultado difícil abordarlo. Así que le digo algo como: «Bueno, tampoco es el fin del mundo, pero que no vuelva a pasar».*

Después de dejar a tu hijo en el colegio y llegar al trabajo, tu «compi» se abalanza sobre ti. Todas las mañanas igual: antes de que te hayas quitado siquiera la chaqueta, ya te está contando los últimos cotilleos de su barrio. Estas historias te aburren y te distraen de tu trabajo, pero parece que no tiene a nadie más con quien hablar. ¿Qué haces?

a) *Le digo: «Lo siento, apenas he dormido y no conozco a tus vecinos, así que me resulta difícil seguir tus historias. ¿Podemos llegar a un acuerdo y que, en adelante, pueda dedicarme a mi trabajo tranquilamente por la mañana?».*

b) *Me compadezco de él, porque es evidente que se siente solo y tiene una gran necesidad de comunicación. Hago como que le escucho atentamente, y en un momento dado me pongo a trabajar, esperando que se dé cuenta de que ahí termina nuestra conversación.*

Va a ser un día ajetreado, estás hasta arriba de trabajo y tienes la cabeza como un bombo, una cita urgente sigue a la siguiente y no sabes cómo vas a gestionarlo todo. A última hora de la mañana —¡por si no tuvieras suficiente!— aparece tu jefe: «Acaba de entrar algo muy urgente. Esto tiene que estar terminado hoy, de lo contrario los de arriba se me echarán encima. Y si hay alguien de nuestro equipo que puede hacerlo, eres tú: sé lo trabajador y eficaz que eres». Te das cuenta al instante de que esa tarea no puede realizarse dentro del horario de trabajo. Además, has quedado para salir a correr con un amigo justo después del trabajo. ¿Cómo reaccionas?

a) *Le digo a mi jefe: «Gracias por confiar en mí, pero estoy hasta arriba. Y de horas extraordinarias mejor ni hablamos. Además, tengo planes para la tarde».*

b) *Me resulta increíblemente difícil decir que no, así que cedo, sobre todo porque me halaga que mi jefe piense tan bien de mí.*

Más tarde, durante la pausa para comer, estás sentado a la mesa con un compañero al que le encanta hacer reír al grupo. Todo el mundo le escucha con atención cuando cuenta un chiste. Su humor es grosero, nada en tu onda, ni siquiera esta vez. Sin embargo, los colegas de la mesa estallan en carcajadas. ¿Cómo te comportas?

a) *No pongo mala cara y si alguien me pregunta digo que el chiste no me hace gracia. Si me río con este tipo de chistes, lo único que hago es animar al bromista para que haga más de lo mismo.*

b) *Me río con ellos, quizá un poco más bajo que los demás. Es algo automático. También me parecería descortés no reaccionar a su chiste. Al fin y al cabo, se ha esforzado por entretener al grupo.*

A última hora de la tarde, asistes a una reunión. Tu jefe pregunta: «¿Quién va a hacer el informe?». Se produce un silencio incómodo y él prosigue. «Tampoco espero una novela, con unas cuantas frases es suficiente. ¿Quién quiere hacerlo?». Todos bajan la mirada, la situación se vuelve cada vez más incómoda.

a) *Hago lo mismo que los demás: No me muevo. ¿Por qué habría de ofrecerme?*

b) *Es muy posible que no pueda soportar la embarazosa situación y libere al jefe de su apuro. «De acuerdo, lo haré, pero, de verdad, solo unas frases».*

A medida que avanza la reunión notas que tu dolor de cabeza empeora, obviamente es una secuela de la noche en vela. El dolor te hace palpitar la sien con tal fuerza que apenas puedes seguir la reunión. ¿Qué haces?

a) *Me arriesgo y digo: «Lo siento, me duele mucho la cabeza. No puedo quedarme a la reunión, necesito irme a casa».*

b) *Me abstengo de hablar y espero que la reunión termine pronto. No voy a decir nada porque no quiero fastidiar la reunión ni que me consideren un quejica.*

De camino a casa, tienes que hacer la compra porque la nevera está casi vacía. Quieres llegar a casa lo antes posible. En la caja un joven se pone delante de ti en la cola y te sonríe: «Solo llevo tres cosas, no te importa que pase antes, ¿verdad?». ¿Cómo reaccionas?

a) *Le digo: «Perdona, vuelve a ponerte detrás de mí, que yo también tengo prisa. Y la próxima vez, por favor, pregunta antes de colarte delante de alguien».*

b) *No me parece bien que se haya colado a empujones, pero ¿voy a montarle una escena en una tienda llena de gente? Ese minuto no va suponer ninguna diferencia.*

Llegas a casa agotado, haces algunas cosas y te pones la ropa para ir correr. A las 18.30 tu amigo te confirma que va a quedar contigo. Esperas que hoy llegue puntual, ya que últimamente ha llegado tarde dos veces (lo cual te ha provocado un ligero resentimiento). Sin embargo, justo cuando estás estirando, recibes un mensaje en el móvil: «Llegaré 15 minutos tarde». ¿Qué vas a hacer cuando le veas?

a) *Le digo que me molestan sus constantes retrasos, sobre todo hoy, que he tenido un mal día. Y le pido que en adelante sea puntual.*

b) *Puede que haga una pequeña broma sobre su impuntualidad, porque cualquier otra cosa sería mezquino entre amigos. Él ya sabe que llegar tarde no está bien, incluso sin mi reprimenda.*

Después de correr, cuando ya te has duchado y cenado, suena el teléfono. Es tu madre, que te recuerda que el sábado es el cumpleaños del tío Enrique: «Tienes que ir a felicitarle». Le recuerdas amablemente que no te llevas bien con el tío Enrique, y que él nunca te felicita. Además, ya tienes planes para el fin de semana. Tu madre responde: «¡No seas tan arisco! Ya sabes que el tío Enrique está enfermo. Además, no hace falta que te quedes mucho rato». ¿Cómo reaccionas?

a) *Le digo que me parecería hipócrita acudir al cumpleaños del tío Enrique y que organizaré mi fin de semana como estaba previsto.*

b) *No quiero provocar una discusión familiar y acepto una breve visita al tío Enrique (aunque sospecho que me quedaré más tiempo del previsto, porque no quiero ser el primero en irme y arruinar la fiesta).*

Dos horas más tarde, caes en la cama muerto de cansancio y por tu mente rondan distintas preguntas: ¿Cómo ha ido realmente el día de hoy? ¿Me he cuidado bien? ¿O he vuelto a ser, sobre todo, amable con los demás? La siguiente evaluación te ayudará a juzgar.

EVALUACIÓN: ASÍ DE PELIGROSA ES TU AMABILIDAD

Por favor, repasa el capítulo y cuenta cuántas veces has elegido la opción «a». He aquí la evaluación:

DE 10 A 12 VECES: SALUDABLE AMABILIDAD

Tu amabilidad se mantiene dentro de unos límites saludables. Sabes tomarte en serio tus propias necesidades y representarlas ante los demás. Al mismo tiempo, no pasa nada por el hecho de que algunas veces te ofendas.

A tu favor: Evidentemente, te resulta fácil defender tus propios límites y hablar claro a los que te rodean. Esto te da un perfil más elevado, te permite actuar con autenticidad y evita que te sientas abrumado.

8 A 9 VECES: AMABILIDAD FLUCTUANTE

Lo amable que seas depende, obviamente, de la situación y de tu estado de ánimo ese día. A veces consigues enfrentarte a los demás, y otras veces pierdes de vista tus propias necesidades y solo complaces a los demás.

A tu favor: eras capaz de trazar límites claros en numerosas situaciones, pero ¿con qué frecuencia? Piensa en cómo puedes utilizar esta habilidad más a menudo. Cuando actúas con autenticidad, proteges tu integridad y te ganas el respeto de los demás.

DE 4 A 7 VECES: AMABILIDAD PELIGROSA

Como persona extraordinariamente amable, tiendes a considerar a los demás más importantes que a ti mismo. Tu deseo de armonía llega tan lejos que rara vez te arriesgas a entrar en conflicto. En consecuencia, corres el riesgo de que los demás te pasen por alto o no te tomen lo suficientemente en serio. Así, tus intereses se ven fácilmente comprometidos.

A tu favor: tienes un alto grado de empatía. Además, a veces consigues dosificar tu amabilidad y defender tus límites personales. Fíjate en cuándo te resulta más fácil hacerlo y qué necesitas para ello… ¡Y hazlo más a menudo!

1 A 3 VECES: AMABILIDAD DOLOROSA

Tu amabilidad no tiene límites. Eres una persona pacífica que evita los enfrentamientos y casi siempre intenta complacer a los demás. No obstante, aunque haces todo lo posible por complacer a tus semejantes, tus propias necesidades quedan a menudo relegadas a un segundo plano.

A tu favor: cada día demuestras que sabes leer y cumplir los deseos de los demás. Si consigues trasladar esta cualidad a tus propios deseos, tu calidad de vida mejorará enormemente.

Esto es lo que te impide decir que no

¿Eres más amable de lo que te conviene? Si es así, ¿a qué se debe? En mi consulta, a menudo escucho: «Yo soy así», «Está en mi naturaleza» o «Tendría que dejar de ser yo mismo para ser diferente». Resulta interesante el hecho de que la mayoría de las personas amables no eligen serlo, simplemente lo son. No controlan su amabilidad, sino que su amabilidad les controla a ellos. Sonríen, dicen que sí, se mantienen al margen, son serviciales, ayudan a los demás, hacen que las cosas funcionen y soportan las dificultades porque *parece que no pueden evitarlo.*

Las verdaderas razones de la peligrosa amabilidad yacen en lo más profundo, pero hay una pregunta que te pondrá en el buen camino: «¿Qué pasaría si *no* fueras amable?». Siéntete libre de repasar tu día ficticio. ¿Qué pasaría…

- si le dices a tu vecino con palabras claras que no tolerarás más su ruido por las noches?
- si rechazas el trabajo extra de tu jefe con un rotundo «no»?
- si le dices a la persona que se ha colado en el supermercado que se ponga detrás?

- si muestras tu enfado ante la impuntualidad de tu amigo?
- si le insistes a tu madre en que no vas a ir al cumpleaños de tu tío?

Cada vez que te desmarcas y dices «no», te arriesgas a un conflicto, a una «confrontación». Tomado literalmente: en lugar de sentarte junto a la otra persona, te sientas frente a ella. Y este acto de separación despierta en ti un miedo primario: «¡Le voy a caer mal a los demás!».

El pegamento social que te une a los demás se está disolviendo. Tal vez imagines que ya no le caes bien a tus semejantes, que te dejan de lado, que te excluyen y, de repente, te encuentras solo.

Este miedo existencial en el inconsciente tiene dos raíces: la evolución y la infancia. ¿Qué hacían los primeros humanos para sobrevivir? Ellos se organizaban en pequeñas comunidades. Solo ahí eran capaces de sobrevivir en estado salvaje. Los que pertenecían al grupo estaban protegidos, los que eran desterrados de él estaban a merced de la muerte[1].

Así se desarrolló en nuestro cerebro un sistema de alerta primario que se activa inmediatamente cuando amenazamos con violar las expectativas de los demás: el miedo a la exclusión. Las neuronas espejo de nuestro cerebro nos permiten percibir con sensibilidad los sentimientos de los demás[2], y en cuanto la persona con la que estás hablando envía señales de molestia, por ejemplo, entrecerrando los ojos o enfriando el tono, el sistema de alarma evolutivo de tu cerebro se dispara: ¡Cuidado! No pongas a la otra persona y al grupo en tu contra. De lo contrario, tendrás que arreglártelas tú solo y sufrirás una muerte miserable.

Observa cómo se comporta tu cuerpo cuando te ves atenazado por esta ansiedad social:

- Te pones rojo cuando algo te avergüenza.
- Empiezas a sudar cuando alguien te hace un reproche.
- Se te acelera el pulso cuando piensas en decepcionar a otra persona.

Para evitar este estrés, las personas amables suelen preferir inconscientemente adaptarse a las expectativas de los demás:

- Adivinamos lo que alguien quiere oír cuando nos pide nuestra opinión y decimos exactamente eso, para no ofenderle.
- Cumplimos las expectativas de otras personas que no nos caen bien solo para evitar avergonzarnos o hacernos impopulares.
- Dejamos que otros se salgan con la suya con comportamientos que nos desagradan únicamente para no ofender a nadie.
- Evitamos hacer críticas justificadas exclusivamente para mantener la armonía.

La segunda raíz de la amabilidad procede de tu socialización. De pequeño, dependías de tus padres. Solo recibías de ellos lo que necesitabas para vivir: cobijo, comida, seguridad. El fin de su afecto podía suponer el fin de tu existencia[3].

No obstante, ¿qué podías hacer de pequeño para contentar a tus padres? Al fin y al cabo, era imposible hacer algo comparable a cambio. A esa edad, no estabas en posición de hablar de igual a igual con tus padres ni estabas en condiciones de comprarle a tu madre un ramo de flores como muestra de agradecimiento.

Tan solo había una forma de tener contentos a tus padres: ser un buen hijo. Para ello, tenías que entender lo que tus padres querían de ti y comportarte exactamente como ellos esperaban. Eso era todo lo que tenías que dar. Si, de niño, conseguías cumplir los deseos de tus padres y hacerles sonreír, podías contar con sus elogios y su reconocimiento. Sin embargo, ¿qué pasaba si te desviabas de esta voluntad? Entonces, el rostro de tus padres se ensombrecía, te regañaban, reprendían y se mostraban descontentos, y como niño pequeño, te preguntabas inconscientemente: ¿Todavía les merece la pena seguir cuidándome? ¿O ya la he fastidiado?

Toda forma de educación es una escuela de adaptación[4]. La «voluntad propia», es decir, la voluntad del niño, no es deseable durante la infancia temprana. Esto es cierto incluso con padres cariñosos, y está en la naturaleza de las cosas. Los niños pequeños a menudo «desean» cosas que en realidad no son buenas para ellos, como, por ejemplo, correr a ciegas por una carretera en hora punta, o meter los dedos mojados en un enchufe.

Desde los primeros años de tu educación, llevaste el mensaje contigo: *No hagas lo que* tú *quieras, ¡sino aquello que queremos que hagas!* (véase a partir de la página 75). La sensación de no estar haciendo lo correcto nos corroe el cerebro y puede acompañarnos toda la vida, haciéndonos susceptibles al control externo y a la determinación de los demás[5].

Imagina tu cerebro como un ordenador en el que se almacenan los programas de evolución y socialización hasta el día de hoy. Cada vez que conoces a alguien, este *software* se activa en secreto. Aunque seas una persona civilizada, actúas como un ser humano prehistórico; aunque seas un adulto, reaccionas como un niño pequeño. Por ejemplo, te comportas amablemente de forma «automática» para caerle bien a los demás, aunque este comportamiento te perjudique.

El impulso de ayudar a los demás para complacerlos puede tener consecuencias fatales. Las personas que trabajan en el ámbito social, por ejemplo, suelen centrar tanta atención en sus clientes que ellas mismas se encuentran en la oscuridad emocional. El psicólogo Wolfgang Schmidbauer acuñó el término «síndrome del ayudante». Este término hace referencia a la «incapacidad de expresar los propios sentimientos y necesidades, combinada con una fachada aparentemente omnipotente e inexpugnable», una amabilidad hasta el extremo de la negación de uno mismo que a menudo conduce a un agotamiento extremo (*burn out*)[6].

El camino para salir de esta trampa es obvio: hay que pasar del piloto automático al control manual. Este cambio requiere atención plena. Tienes que controlar tus pensamientos en lugar de dejarte controlar por ellos y actuar según viejos patrones[7]. Este libro te ayudará a tomarte tus propias necesidades al menos tan en serio como las de los demás, lo cual ya es mucho.

Por qué a nadie le cae bien la gente buena

Todas las personas amables tienen un gran corazón. Evalúa cuáles de los cinco rasgos del modelo de personalidad de los cinco grandes destacan especialmente en ti[8].

- *Apertura*: ¿Eres una persona abierta? ¿Te gustan las nuevas experiencias? ¿Te aburres con facilidad? ¿Eres creativo e imaginativo?
- *Diligencia*: ¿Eres una persona organizada y responsable? ¿Se puede confiar en que cumplirás tu palabra? ¿Eres capaz de sacrificar las recompensas a corto plazo por el éxito a largo plazo?
- *Extraversión*: ¿Tú necesidad de estímulos del exterior es grande? ¿Te gusta la compañía de los demás? ¿Tienes muchos amigos y tiendes a ser optimista?
- *Compatibilidad*: ¿Eres una persona amable y compasiva? ¿Sabes escuchar? ¿Das la cara por los demás y te adaptas a tu entorno?
- *Neuroticismo*: ¿Fluctúas emocionalmente? ¿Eres una persona propensa al estrés? ¿Te preocupas a menudo y te bloqueas con pensamientos negativos?

Muchas personas amables muestran un alto grado de compatibilidad, a menudo combinado con responsabilidad. La palabra *compatibilidad* significa «tolerar». Las personas sociables no solo soportan las cargas de su propia vida, sino también las de los demás.

- ¿Es posible que estés cargando sobre tus hombros los problemas de tus semejantes?
- ¿Eres alguien que piensa en los demás, les ayuda y les soporta cuando están necesitados y flaquean?
- ¿Se te da bien «soportar» los lamentos y las quejas de tus semejantes porque, de lo contrario, te remordería la conciencia?

Unos valores de compatibilidad elevados significan que rara vez te enfadas, discutes u ofendes a los demás. Eso es bueno. Sin embargo, al mismo tiempo, te resulta difícil imponerte y hacer valer tus prioridades[9].

El deseo de caerle bien a todo el mundo puede hacer que te traiciones a ti mismo[10].

Ahora dirás: ¡Pero ser simpático me hace popular! ¿Es eso cierto? Volvamos a tu día ficticio:

- ¿Aprecia tu vecino que le perdones mansamente por perturbar tu descanso? En realidad, es más probable que eso haga que su musiquita nocturna vuelva a sonar pronto. Como no trazas una línea clara, él lleva su desconsideración un paso más allá.
- Tú «compi» no te tiene en mejor consideración por el hecho de que siempre le prestas atención. Más bien lo ve como una señal de que sus historias te parecen apasionantes y te encanta escucharlas.
- ¿Te aprecia más tu jefe por sacarle las castañas del fuego? Es más probable que te pierda el respeto, se aproveche de ti y se olvide de tus logros en la próxima negociación salarial.

Un estudio de la Universidad Estatal de Washington analizó la popularidad de las personas amables dentro del grupo[11]. El resultado es demoledor: las personas amables ocupan los últimos puestos. Cuando intentas afianzarte en el centro de un grupo a base de amabilidad, te deslizas hacia los márgenes. El estudio ofrece tres explicaciones:

1. **Los demás tienen la sensación de que ellos mismos quedan en mal lugar en comparación con las personas amables.**
   Si nadie de la reunión quiere redactar el informe y tú te ofreces, los menos amables se sienten moralmente relegados por ti. Del mismo modo que un alumno parece más estúpido al lado del empollón de la clase que entre el resto de compañeros.
   Podrías argumentar que estás haciéndole un favor al grupo, pero los demás no lo ven de una forma tan racional. Tu brillante ejemplo hace que se sientan eclipsados y presionados. La próxima vez tu jefe esperará que todos os ofrezcáis voluntariamente a hacer el informe, ¡solo porque tú lo has hecho!

2. **Los demás ven la amabilidad como una forma de romper las reglas.**
Supongamos que en el supermercado alguien en la cola al lado te ve dejando que el joven se cuele. Entonces podría pensar de ti: «¡Qué persona tan generosa!». No obstante, es más probable que piense: «¿Adónde vamos a ir a parar si se premia a la gente que se cuela? Seguro que la próxima vez se cuela delante de mí y dirá que los demás se lo permiten». Es evidente que has infringido la norma no escrita de que hay que castigar a los que se cuelan. Este comportamiento te hace tan popular como un esquirol que marcha al trabajo con paso firme mientras sus compañeros se sientan a las puertas de la fábrica haciendo sonar sus silbatos.
3. **Los demás desconfían de los motivos de las personas amables.**
En lugar de suponer que eres amable de corazón, aquellas personas menos amables se preguntan qué (egoísta) intención se esconde detrás de tu comportamiento. ¿Qué quieres conseguir con tu comportamiento? ¿Qué buscas? Esto lleva a interpretaciones que no son nada halagüeñas. Naturalmente, *no* vas a redactar el informe para que la reunión transcurra sin sobresaltos ni para hacerles un favor a los demás. Lo que buscas es hacerle la pelota a tu jefe para obtener alguna prerrogativa, o tal vez quieras dejar a tus compañeros como vagos, o bien es posible que albergues un desagradable plan para introducir secretamente tu propio punto de vista en el informe como si fuera la «opinión mayoritaria».

Al igual que un pintor solo puede utilizar colores que encajen con su propia paleta, la mayoría de la gente solo encuentra explicaciones para las acciones de los demás que se correspondan con su propio sistema de valores. En psicología, esto se conoce como «proyección». Las personas menos amables presuponen que tienes motivos más cuestionables porque a ellas nunca se les ocurriría hacer algo por el mero hecho de ser amables.

Cuando eres amable, caes en una trampa conocida como intolerancia a la ambigüedad[12]. Esto es, dejas lugar a la interpretación, lo cual te convierte en un lienzo en el que los demás proyectan sus propios defectos.

También existe la llamada ley de la atracción. Si actúas amablemente por miedo a caerle mal a los demás, atraerás aquello que temes: la antipatía[13]. Y es que cuanto más tengan tus semejantes la sensación de que *deberían* encontrarte simpático, menos lo harán.

No obstante, hay una excepción: las personas amables caen bien a quienes comparten sus valores, es decir, a aquellas que también son amables. Cuando dos personas amables se encuentran, compiten en amabilidad. Por ejemplo, ambas se dirigen hacia una puerta, pero cada una insiste en que la otra pase primero. También he visto a dos personas amables de un mismo equipo dar prioridad al rendimiento de la otra sobre el suyo propio durante una reunión. El diálogo entre dos empleados altamente cualificados de una empresa de biotecnología se desarrolló lo la siguiente manera:

—Tania, tu conversación con el cliente nos dio el impulso decisivo. Ha sido estupendo.

—No exageres. No he hecho nada, solo he pasado diez minutos al teléfono. Sin embargo, tu idea del nuevo principio activo nos ha ayudado mucho.

—¿Mi idea? Tan solo la saqué de un libro. Fuiste tú quien trajo la idea al equipo.

—Eres demasiado modesto. No fue cosa mía, fuiste tú….

Estos diálogos son interesantes ya que todos conceden al otro lo que se niegan a sí mismos: preferencia, ya sea a la hora de pasar por la puerta o de obtener reconocimiento público. Sin embargo, la vida cotidiana no es un jardín de rosas, y por eso es mucho más probable encontrarse con personas menos amables. Además, ya se sabe que las ovejas indefensas atraen a los lobos:

- Si eres conocido por dejar que otros tomen la iniciativa, atraerás a personas que te apartarán sin miramientos.

- Si tienes fama de restar importancia a tu parte del trabajo, otra persona lo utilizará para exagerar la suya.
- Si tienes fama de no saber decir que no, atraerás a otros que se aprovecharán de ti con peticiones constantes y fuera de lugar.

Ser amable es un pasatiempo peligroso. Además, no todo el mundo puede permitírselo. Hablemos del precio.

El día que casi me desangro

Hace quince años estuve a punto de morir desangrado a causa de mi amabilidad. Tres errores sellaron mi desgracia. El primero de ellos lo cometí por la mañana. En realidad, no había querido leer ningún correo electrónico del trabajo mientras estaba de vacaciones, pero entonces me saltó el asunto: «¡Necesito tu consejo urgentemente!». Una cliente mía, Anne Eiger[14], me escribió para decirme que había recibido inesperadamente una oferta de trabajo y necesitaba tomar una decisión pronto. Me pidió si podíamos hablar por teléfono «cuanto antes». Yo sabía que la señora Eiger tenía un gran concepto de mí. No podía defraudarla. No pasaba nada por hablar una hora por teléfono, incluso en vacaciones. Así que concerté una cita con ella para las cuatro de la tarde.

El segundo error se produjo una hora y media antes de la cita. Mientras fregaba los platos, se me rompió un plato en la mano. Antes incluso de sentir el dolor, el agua se llenó de sangre. Saqué la mano y corrí hacia el botiquín. La sangre brotaba a borbotones por un profundo corte en el dedo índice derecho; las tiritas no servían de nada. Una venda de gasa se tiñó de rojo oscuro en un santiamén, al igual que un montón de pañuelos. «Tienes que ir al médico», pensé. Pero una voz interior me contestó: «No puedes dejar a la señora Eiger en la estacada. Ocúpate de la herida más tarde».

Esta decisión supuso el tercer error del día, y el destino me lo señaló irónicamente porque a las 4 de la tarde —con un paño de cocina blanco enrollado alrededor de mi dedo, ahora rojo sangre— esperé en vano la llamada. A la 16:30 vi que la señora Eiger había enviado un correo electrónico diciendo que su hija pequeña se sentía mal. De repente, su petición ya no parecía tan urgente.

El cirujano del hospital me dijo negando la cabeza: «¿Hace tres horas? ¿Y por qué viene ahora?» Yo ya estaba completamente pálido. «Podría haber muerto desangrado». Me cosió la herida con varios puntos. Tuve que quedarme unas horas más en observación. No volví a casa hasta medianoche. La señora Eiger todavía no sabe nada de mi accidente. No quería hacerla sentir mal; ella no tenía la culpa de mi estupidez. Sin embargo, me molestó que cancelara la cita con tan poca antelación.

En aquella ocasión, me guie por los siguientes principios, los cuales observo en muchas personas amables:

1. **Ayudo siempre que puedo.**
   Inmediatamente, siento que es mi responsabilidad ayudar a los demás. Percibí la petición de la señora Eiger como un «grito de auxilio», como si yo fuera un ángel salvador que debía acudir en su ayuda a toda costa.
2. **Los demás tienen preferencia.**
   Dejé de lado mis propias necesidades para complacer a otra persona. Interrumpí mis vacaciones para hacerlo. Y, a cambio, me arriesgué a retrasar el tratamiento de mi corte.
3. **Mi sacrificio debe ser apreciado.**
   Me decepcionó que no me pagara con la misma moneda. En lugar de reconocer mi compromiso, canceló la cita, lo que me disgustó un poco. Ella solo había actuado con más sensatez que yo.
4. **No debo llamar la atención sobre mí mismo.**
   Durante nuestra siguiente conversación no fui del todo sincero porque me callé lo de mi accidente. No quería «molestarla», hacerla sentir culpable ni llamar demasiado la atención sobre mi persona.

A lo largo de los últimos quince años, he conseguido poco a poco regular mi amabilidad hasta un nivel más razonable. Sin embargo, reconozco mi comportamiento anterior en muchos de mis clientes. He aquí cinco ejemplos de los últimos meses:

- Lars Müller (33) espera ser ascendido. Sin embargo, en una reunión individual, su jefe le dice: «Eres un buen tipo, pero en este puesto algunas veces hay que enseñar los dientes, y no veo eso en ti».
- La directora de proyectos Lisa Hartmann (41) dice que su marido la dejó «de forma totalmente inesperada», a lo que ella le reprochó: «¡Siempre me he desvivido por ti!». Su respuesta: «Eso es exactamente lo que falló. Dejaste tu vida por la mía». Se decidió por otra persona que parecía más segura de sí misma.
- Sandra Bertram (24) relata: «El otro día, un hombre se chocó conmigo mientras caminaba por la acera. ¿Y qué le dije yo? "¡Disculpe!". Es típico *de mí* disculparme, aunque la culpa no sea mía. Después me siento doblemente mal».
- Nina König (54) cuenta que su jefe se aprovecha de ella: «Me encarga las tareas que no le gustan, a menudo justo antes de acabar la jornada laboral: "Sé que puedo contar con usted, señorita König". Y yo le respondo como una estúpida: "Por supuesto, me encargaré de ello". Mi equilibrio entre trabajo y vida privada está totalmente desajustado, pero no me atrevo a decepcionarle».
- Volker Niebel (39), con un cargo intermedio, acude a consulta porque sus empleados «le torean en sus narices». Me doy cuenta de que no deja de llevarse la mano a la espalda, con la cara contorsionada por el dolor. Cuando le pregunto, me dice: «Me hice daño en la espalda en el tren. Tengo problemas de espalda desde hace años. Había colocado mi maleta debajo de un asiento, pero cuando vi que una mujer menuda intentaba subir una maleta grande al maletero, tuve que ayudarla. Fue entonces cuando ocurrió».

Dejemos una cosa clara: en este libro *no* quiero animarte a que en el futuro vayas por la vida como un egoísta. El hecho de que nuestro clima social se esté enfriando no es razón para que nosotros mismos actuemos con frialdad; necesitamos más calor y afecto. El hecho de que los narcisistas se salgan con la suya no justifica que nosotros mismos actuemos de igual modo. Hace falta más solidaridad. Además, el hecho de que cada vez haya más gente que trate de lograr el éxito a base de codazos no justifica que nosotros hagamos lo mismo. Lo que necesitamos es más cooperación y menos competencia.

Y precisamente por eso tú, como buena persona, no debes seguir dejando que se aprovechen y te avasallen. No solo te lo debes a ti mismo, sino a toda la sociedad. Con cada paso que tú das hacia atrás, permites que un ególatra llegue más lejos. Por cada objeción que te guardas, hay un punto de vista no cualificado que se impone aún más, y cada vez que te haces invisible, le das más visibilidad a una persona que se traiciona a sí misma.

La idea de abrirse paso a codazos va en aumento. Un estudio de la Universidad de Michigan reveló que los universitarios de hoy son un 40% menos empáticos que hace treinta años. Los investigadores sospechan que los motivos pueden la competencia diaria, los *reality shows*, y un cierto embotamiento causado por las redes sociales[15].

¡No sigas reprimiéndote! Enfréntate a los codazos con valentía. Cada metro que ganes no solo te beneficiará a ti, sino también al clima interpersonal. Y es que, como persona amable, ganas más visibilidad y poder, en lugar de cederlo a personas menos amables sin luchar.

¿Te sientes preso de tu amabilidad?

¿Qué te hace comportarte de forma desinteresada? ¿Por qué dejas que un coche que se aproxima por una calle lateral se incorpore delante de ti cuando hay mucho tráfico, aunque tengas tú la prioridad y vayas con prisa? La psicología social reconoce varias formas de comportamiento altruista[16]:

- *Altruismo moral*, que se basa en principios: dejas que el otro coche pase antes porque crees que es lo correcto («procedimiento del cierre de cremallera»).
- *Altruismo empático*: dejas que se incorpore a tu carril porque simpatizas con él o te sientes inmediatamente benévolo hacia él. La decisión es subjetiva, depende de si te resulta simpático o no.
- *Altruismo racional*: lo dejas pasar porque calculas que tú mismo obtendrás una ventaja similar en la siguiente oportunidad. Sopesas los pros y los contras.

El altruismo moral es un arma de doble filo. Es cierto que las normas son necesarias para que una sociedad funcione. Sin embargo, con cada norma (secreta) a la que te sientes sometido, tu libertad de acción disminuye. Entonces te sientes tras las rejas de tu amabilidad como en una cárcel y no puedes salir de este comportamiento. Esto atrae a personas menos propensas a adherirse a estas normas y que se aprovechan de ti. Por ejemplo, los estudios demuestran que las personas amables tienen problemas de dinero con más frecuencia[17].

- A veces ayudan a pagar las facturas de otros.
- A veces prestan dinero que no recuperan.
- A veces se dejan timar en las negociaciones salariales.

El altruismo que mejor resulta para ti es aquel que se basa en tu libre elección: eres social y amable porque quieres ser social y amable. Esto te permite elegir el comportamiento más adecuado en cada situación. Por ejemplo, en una negociación comercial, decides reducir tu amabilidad para que no te subestimen. En cambio, a un amigo empático le pagas conscientemente con la misma moneda: con empatía y amabilidad.

Hay un principio del economista italiano Vilfredo Pareto que puede servirte de guía: Actúa de forma que al menos una de las partes implicadas salga ganando y nadie salga perjudicado[18]. El altruismo de

Pareto permite que no haya perdedores, sino ganadores; una máxima inteligente que garantiza unas relaciones sostenibles.

Tu bondad debe ser como una paloma que siempre regresa a su palomar. Por ejemplo, prestas dinero a un amigo de confianza y le ayudas a salir de un apuro. Te lo agradece sinceramente, te devuelve el dinero en cuanto puede y te invita a cenar. En este caso, ambos os beneficiáis: tu amigo consigue salvar sus problemas de liquidez y tú haces algo bueno sin necesidad de hacer sacrificios económicos ni emocionales.

Algunos estudios estadounidenses señalan que el comportamiento caritativo puede prolongar la vida. La tasa de mortalidad de los ancianos pobres que ayudaban a otros era un 60% inferior a la de otros en el mismo estado de salud que no lo hacían[19].

Lo que es peligroso, sin embargo, es una amabilidad que *solo* sirve a aquel que la recibe, pero perjudica a aquel que la ofrece. Por ejemplo, un compañero de trabajo te pide dinero. Ya en el pasado te ha dejado a deber dinero. Ahora te dice: «Ya me has salvado unas cuantas veces y no sabes mucho que te lo agradezco. Necesito que me eches un cable una vez más, solo necesito 50 euros. Te devolveré el dinero la semana que viene».

Probablemente sentirás una gran reticencia, pero como eres una buena persona, una voz interior te susurra: «¡No seas así! Tienes el dinero. Ya has oído lo agradecido que está. A lo mejor necesita el dinero para pagar la factura de la luz y si no le ayudas se va a quedar a oscuras». Supón que le das el dinero. ¿Cómo se sentirá cuando salga de la oficina? Él satisfecho y aliviado, y ¿tú? Fatal. El altruismo de Pareto no funciona aquí. ¡Sin duda te sentirás peor después del trato! Sobre todo, porque sospechas que tu compañero se está aprovechando deliberadamente de ti. En su libro *Verbotene Rhetorik* (en español, retórica prohibida) Gloria Beck recomienda emplear la «técnica de la compasión». A las personas empáticas las denomina «personas objetivo» y le da al lector consejos sobre cómo «mostrar una emergencia ficticia» y cómo azuzar y manipular a la persona compasiva, a la que denomina «víctima».

Las breves instrucciones son las siguientes: «Usted describe una situación de emergencia. La persona compasiva experimenta entonces una reacción empática desagradable. Entonces ofrece su ayuda para evitar los sentimientos de culpa que surgirían si no lo hiciera. Lo asumen. Así de sencillo[20].

No caigas en este tipo de patrañas. Pregúntate siempre antes de hacerle un favor a alguien si es bueno para ti, incluso a medio y largo plazo. ¿Estarás de acuerdo con tu decisión cuando lo recuerdes dentro de una semana, un mes o un año? La amabilidad unilateral agota la batería de tu vida y el contacto por radio con tus necesidades se interrumpe. La contradicción reprimida te perjudica. En lugar de articular tus necesidades, clarificar la relación y protegerte de las demandas excesivas mediante un grado necesario de agresividad, te refugias en un comportamiento infantil y protector[21].

La agresividad sana que reprimes se convierte en autoagresión[22]. Entonces las dudas sobre ti mismo te roban el impulso; la ansiedad se apodera de ti y la depresión puede abrir sus oscuras fauces. Si eres amable por fuera sin quererlo, no lo eres por dentro. Y con cada paso que das a regañadientes hacia otro, te alejas de la esencia de tu ser. Entonces llevas una vida con el puño cerrado en el bolsillo, una vida dura que puede acabar en agotamiento.

Por eso la gente amable lo tiene más difícil hoy en día

El peligro de que la gente amable se quede por el camino es hoy en día mayor que nunca. El quitamiedos de la tradición se ha roto; tu vida consiste en una suma de decisiones que tienes que tomar tú mismo. Si te centras demasiado en las necesidades de los demás, te desviarás del camino. Antes era distinto, como demuestra el ejemplo de mis abuelos. María y Guillermo nacieron en la Selva Negra hacia 1895. ¿Corrían el riesgo de elegir la profesión equivocada? No, ambos nacieron en familias de agricultores, así que estaba claro que tenían que ser agricultores. ¿Corrían el riesgo de equivocarse de pareja? No, sus padres poseían explotaciones agrícolas igualmente grandes y casaron a María y Guillermo entre sí. ¿Corrían el riesgo de equivocarse en la planificación familiar? No, la Iglesia desconocía o prohibía los anticonceptivos, así que no era una opción. Tuvieron nueve hijos, mi padre fue uno de los más pequeños.

En lugar de gobernar sus vidas, sus vidas los gobernaban a ellos. Dirigían su propia granja, tal como habían querido sus padres. Allí vivían según un ritmo dictado por las horas del día y las estaciones. No decidían por sí mismos cuándo ordeñar las vacas, alimentar a las gallinas, preparar el heno o cosechar los campos; la naturaleza se lo dictaba. Sus vidas se guiaban por las exigencias de la granja. María y Guillermo no aceptaban invitaciones, no atendían peticiones especiales de los niños ni ayudaban en los campos de los vecinos hasta que su propia granja había sido cuidada y su propia cosecha recogida. Los granjeros vecinos hacían lo mismo. Demasiada amabilidad en el lugar equivocado habría puesto en peligro su existencia. Les resultaba fácil poner límites, porque podían apoyarse en un muro de tradiciones, normas y deberes.

Este muro se ha venido abajo en las últimas décadas. La gente ya no tiene un lugar fijo, como en las sociedades tradicionales, sino que tiene que luchar por él a base de confianza en sí misma[23]. Desde entonces, cada cual es artífice de su propia fortuna, y la amabilidad se ha convertido en una desventaja competitiva. Los siguientes cambios son formativos:

- La importancia de la iglesia es cada vez menor, casi nadie sigue permitiendo que la religión dicte su vida.
  Consecuencia: Cada uno sigue sus propios mandamientos y define por sí mismo dónde terminan sus derechos morales y empiezan los de los demás. Las personas amables corren el riesgo de que se aprovechen de ellas personas menos amables.

- La importancia de los sindicatos está disminuyendo y cada vez son más los empleados que tienen que negociar por sí mismos sus salarios y condiciones de trabajo.
  Consecuencia: Quienes no representan sus derechos con confianza se quedan rezagados en la carrera salarial.
- La importancia de las normas de etiqueta es cada vez menor. Mucha gente joven solo entiende por «etiqueta» la pegatina de los productos del supermercado.
  Consecuencia: Quien se disculpa protocolariamente por cualquier cosa corre el riesgo de que su comportamiento sea interpretado como un signo de debilidad y se aprovechen de él.
- El consenso social es cada vez menor. Muchas verdades eternas son objeto de debate; en la actualidad, incluso se discute si existe un tercer género junto al hombre y la mujer.
  Consecuencia: Quienes no defienden sus puntos de vista y derechos con suficiente firmeza en este concierto de opiniones quedan rápidamente relegados, aunque su opinión sea objetivamente la más sensata.
- La importancia de la comunidad rural está disminuyendo a medida que más y más gente se traslada a las ciudades. Mientras que en el pueblo el estatus de una persona estaba asegurado por su tradición familiar, hoy ese rango se renegocia a diario en cuanto conocemos a otras personas.
  Consecuencia: Aquellas personas que no muestran firmeza en los primeros momentos de un encuentro son rápidamente subestimados, subyugados y explotados por los demás.

La gente de hoy en día tiene que hacerse valer constantemente. El mayor punto fuerte de las personas amables, empatizar con los demás, también encierra el mayor peligro: que se centren más en las necesidades de los demás en lugar de las suyas propias. Muchos jóvenes se dedican a una determinada profesión solo para complacer a sus padres. De este modo la hija buena no se convierte en artista, como soñaba, sino en funcionaria, porque sus padres la han convencido de que ése es el «camino más seguro». Quien no sabe decir «no» en los momentos importantes debe apechugar con las consecuencias durante el resto de su vida.

Esto se aplica incluso a la planificación familiar. Por ejemplo, recuerdo a Petra Dreier (44), una empleada industrial, quien dijo:

—Cuatro hijos son demasiados para compaginarlo con una vida profesional. Si hubiera dependido de mí, solo habríamos tenido dos.

—¿Entonces su marido quería tener más hijos que usted? —le pregunté.

—No estoy tan segura de que fuera mi marido.

—¿Quién si no? —pregunté, confuso.

Y entonces me contó que ella había crecido en una familia de seis miembros y que su querida madre siempre había deseado de todo corazón «al menos cuatro nietos».

—En aquel momento no me di cuenta de la conexión, pero hoy estoy segura: yo no quería decepcionarla. Esa fue la razón principal para tener cuatro hijos.

Quien no se aferra a su vida, puede perderla rápidamente. Entonces entrega las riendas a otros, y su existencia se convierte en una ficción.

La maldición de las antenas

Las personas amables tienen unas antenas muy buenas; perciben lo que los demás esperan de ellas. Y como no quieren decepcionar a nadie, prefieren decepcionarse a sí mismas:

- En el trabajo, dejan que sus compañeros tomen la iniciativa cuando se acerca un viaje de negocios emocionante o hay que decidir las vacaciones anuales… ¡lo que sea con tal de no causar problemas!
- En una relación de pareja, renuncian a sus deseos para que la persona amada pueda realizarse, ¡lo que sea con tal de no ser egoísta!

- A la hora de educar a sus hijos, cumplen todos sus deseos, aunque el precio sea (demasiado) alto… ¡lo que sea con tal de no ofender a los niños!
- Son siempre educados en el trato con los demás, aunque se les echen encima o se sientan abrumados, cualquier cosa con tal de no provocar una discusión.
- Y las mujeres amables, en particular, tienden no solo a perdonar a su pareja por su comportamiento nocivo, sino también a querer salvar su frágil mundo, por ejemplo, como la eterna «enfermera» de un alcohólico[24].

La capacidad de ponerse en el lugar de otra persona también entraña un riesgo: perderse uno mismo. Las mujeres corren más riesgo que los hombres, ya que son mejores descodificando los sentimientos de los demás. En un estudio de Harvard, se mostraron a los participantes secuencias de vídeo de personas muy alteradas, por ejemplo, tras ganar la lotería o recibir la noticia de un fallecimiento, con audio codificado. El objetivo era interpretar las expresiones faciales y el lenguaje corporal. Las mujeres eran, de media, un 80% mejores adivinando las emociones de una persona[25].

No obstante, también los hombres amables viven peligrosamente. ¿Qué hombre no se ha sentido menospreciado por la mujer de sus sueños que le considera solo un «buen amigo»? Puede que se le haya adelantado un machote precisamente por *no* ser simpático, sino «masculino y atractivo». Hay incluso personas amables que se alejan de su pareja por pura modestia, como describe la periodista Annekatrin Looss en un ejemplo que ella misma vivió. El hombre que hasta entonces la había mimado con cartas, café a las 5 y poemas de amor se despidió de ella de la siguiente manera: «De todas formas, pronto me dejarás por alguien mejor»[26]. ¡Y adiós!

La gente amable practica una virtud que es muy alabada pero poco recompensada: la abnegación. Tómese el término literalmente: para ser «abnegado, hay que desprenderse de uno mismo, como de un lastre.

Sin embargo, cuando renuncias a tu yo más íntimo, también pierdes proyección exterior:

- Si pasas por alto tus propias necesidades, también las pasarán por alto los demás.
- Si no te tomas a ti mismo en serio, los demás tampoco te tomarán en serio.
- Si sonríes ante cuestiones importante, los demás no te tomarán en serio, pero te sonreirán.
- Si tú mismo das por sentada tu amabilidad, también la darán por sentada los demás, como un regalo que no necesita respuesta.

Llevar el altruismo hasta el punto de abandonarse a uno mismo resulta fatal, sobre todo porque las redes sociales confieren a nuestra vida cotidiana el carácter de una competición. ¿Pulgar arriba o pulgar abajo? La autoestima solía venir de dentro, hoy viene de las comparaciones. ¿Quién tiene más seguidores en Twitter, más amigos en Facebook, más *likes* en Instagram, más éxito en el trabajo, la casa más grande, la pareja más simpática, o la cuenta bancaria con más ceros?

Los estándares están en el mundo exterior. No quieres tener éxito, quieres tener más éxito que los demás, no ser inteligente, sino más inteligente, no ser rico, sino más rico. Solo los que dejan atrás a los demás están por delante. Esta mentalidad está cada vez más extendida, y aquí es donde las cosas se ponen realmente mal para las personas amables:

- ¿Qué candidato ganará? ¿El más amable? ¿O el que se muestra asertivo y competente?
- ¿Qué compañero de vida o cónyuge se realizará más? ¿El más amable? ¿O aquel que defienda sus propios derechos?
- ¿Quién obtendrá un precio más justo al comprar un coche? ¿El comprador amable? ¿O el que negocia con más dureza?

Sin embargo, ¿acaso no es un buen rasgo de la personalidad el hecho de no tomarse a uno mismo tan en serio? ¿No es una buena idea salirse de la degradante carrera en pos del éxito? ¿Acaso no son las buenas personas, los aparentes perdedores, los que en realidad se ganan nuestro corazón?

Lo sé por las innumerables sesiones de asesoramiento que he realizado. Si no te tienen en cuenta para los ascensos, te discriminan en lo referente a subidas de sueldo, o se aprovechan de ti como amigo, entonces, esto definitivamente no es bueno para ti. Todo aquel que da quiere algo a cambio. Todo aquel que se esfuerza quiere ser recompensado. Y cuando no hay esa respuesta, entonces, crece la frustración.

En su filosofía de la singularidad, Friedrich Nietzsche distingue dos tipos de personas[27]. Unas se adaptan, sacrifican su individualidad y se desarrollan por debajo de su potencial. Se aferran a las barandillas de las normas, cumplen con los requisitos ajenos y miran a los demás para compararse. Los otros, sin embargo, los únicos, luchan por sus deseos, afirman su individualidad y no se comparan con los demás —ya que las cosas únicas nunca pueden compararse—, sino solo consigo mismos: «¿Qué estoy haciendo hoy mejor que ayer?». Siguen desarrollándose día a día, conforme al lema de Nietzsche: «Conviértete en lo que eres[28]».

Solo cuando tú, como buena persona, encuentres el valor para abandonar el camino de la conformidad, podrás embarcarte en la satisfactoria senda de tu individualidad, y llenar de vida tu singularidad.

¿Es peligrosa la imagen que tienes de ti mismo?

¿Qué hay que hacer para que los demás te reconozcan, ya sea en el trabajo o en tu vida privada? Las personas agradables suelen responder a esta pregunta:

- Soy un buen compañero de trabajo cuando echo una mano a los demás y les apoyo en la medida de mis posibilidades.
- Soy un buen compañero de vida cuando lo doy todo por la otra persona.
- Soy una buena persona cuando ayudo a los demás.

Estas frases suenan sociales, pero contienen material explosivo. La autoestima está vinculada a una condición. No soy valioso por ser la persona que soy. Tengo que hacer algo para ganarme mi valor, como si la autoestima fuera un salario que se me paga o se me niega en función de mi rendimiento:

- Soy un buen compañero de trabajo porque ayudo a los demás; si no lo hago, soy un mal compañero.
- Soy un buen compañero de vida porque lo doy todo por la otra persona; si no, soy un mal compañero de vida.
- Soy una buena persona porque ayudo a los demás; si no lo hago, soy una mala persona.

Hay una comparación que deja claro el riesgo: la persona que tiene un huerto, cultiva sus propias lechugas, tomates y pepinos. No depende de comprar sus verduras en una tienda. Y cuando va a una tienda, puede decidir por sí misma si está dispuesta a pagar el precio por las verduras. Si considera que un producto es demasiado caro, lo deja. Se mantiene fiel a sí misma, es independiente y tiene libertad de elección.

Los que no cultivan verduras, en cambio, dependen de las tiendas. Solo aquello que compran de antemano puede acabar en su plato. *Tienen* que acudir a las tiendas y, a menudo, deben aceptar cualquier precio. De lo contrario, acabarán con las manos vacías.

Muchas personas amables van por la vida con un carrito de la compra para obtener de las estanterías de los demás aquello que no pueden encontrar en sí mismas: reconocimiento. Se esfuerzan por recibir cumplidos. Se desviven para ser apreciados. Quieren obtener su autoestima del exterior en lugar de cultivarla en su interior.

En su maravilloso libro *Los seis pilares de la autoestima*, el psicólogo estadounidense Nathaniel Branden escribe: «El sentimiento de autoestima es una experiencia íntima. Reside en lo más profundo de nuestro ser. Es lo que pienso de mí mismo y siento de mí mismo, no lo que otra persona piensa de mí y siente de mí». Y llega a una conclusión que suscribo, sobre todo para la gente amable: «En la vida de muchas personas la tragedia es que buscan la autoestima en todas partes menos dentro de sí mismas».

Intentar obtener tu autoestima de los demás te hace dependiente y es una estrategia que está condenada al fracaso, pues cada pulgar que apunta hacia arriba puede luego girar hacia abajo. Además, se crea una dependencia:

- Cuando quieres reforzar tu autoestima haciéndote popular, lo que haces es debilitarla, ya que te pueden arrebatar la popularidad.
- Cuando quieres reforzar tu autoestima ayudando a los demás, la debilitas, porque tu ayuda puede llegar a ser superflua.
- Cuando quieres reforzar tu autoestima cediendo para pertenecer a un grupo, la debilitas, porque el grupo puede rechazarte y puedes perderte a ti mismo.

¿Por qué prohíbe la ley alemana de competencia los monopolios? Porque una empresa de la que dependieran los clientes cobraría precios indecentes. ¿Y qué hacen tus semejantes cuando se dan cuenta de que dependes de su reconocimiento? ¡Suben el precio! Tienes que hacer, dar y sacrificarte cada vez más para recibir ese reconocimiento. Al final, te ves amenazado por la insolvencia emocional.

Yo fui testigo de ello con una empleada industrial llamada Jane Gerber (32), la cual era considerada el «alma buena» en su lugar de trabajo. Cualquiera que tuviera problemas acudía a su mesa. En los primeros años, esto ocurría dos o tres veces por semana. Jane Gerber consideraba un cumplido el hecho de poder ayudar. Su autoestima se debía a que los demás la necesitaban.

Sin embargo, cuanto más conocida se hacía como «alma buena», más se le exigía. Cada vez más compañeros se acercaban a ella con problemas y las conversaciones eclipsaban su trabajo. Una compañero con «episodios depresivos» la utilizaba como terapeuta particular y a veces se sentaba con ella en la oficina durante horas.

Dejaba trabajo sin hacer, recibía reprimendas de su jefe y hacía horas extra para ayudar a sus compañeros. Actuaba así porque no tenía elección. Como «alma buena», tenía que hacerlo.

Al final, al compañero deprimido se le ocurrió empezar a llamarla después del trabajo cuando se encontraba mal. Casi todos los días. Y a menudo después de las diez de la noche. Las largas llamadas le robaban tiempo para su familia. Y a su marido no le hacía mucha gracia que mantuviera conversaciones más largas con un desconocido por teléfono que con él en el salón.

Cuando Jane Gerber acudió a mí en busca de asesoramiento, estaba al borde del *burn out*. Su párpado derecho temblaba, sufría insomnio y se culpaba todo el día porque, a pesar de su compromiso social, pensaba: «¡Ya no estoy ayudando a la gente!».

Durante la sesión de asesoramiento, le pregunté:

—¿Qué pasaría si mañana simplemente dijeras: «Ya no tengo energía ni tiempo para escucharos?».

—No creo que pudiera hacerlo. Va contra mi forma de ser.

—¿Va contra tu naturaleza decir la verdad?

—Entonces todo el mundo se mostraría decepcionado conmigo. Todos esperan que les dedique mi tiempo.

—Estás empleando un tiempo que no tienes. ¿Qué obtienes realmente de los demás?

—Bueno, me aprecian porque me consideran un «alma buena».

—Y si ya no tuvieras el oído abierto a todas las preocupaciones, ¿dejarías de ser un «alma buena»?

Se lo pensó un momento.

—Al menos no a los ojos de los demás.

En ese momento comprendió el origen de su problema: no tenía acceso a su despensa interior, así que llenaba su carro de la compra a base de reconocimiento externo. Y eso le costó caro.

Mi prueba de amabilidad

LA PLAZA DE APARCAMIENTO ROBADA ....

La situación: Un sábado justo antes de Navidad, salgo a comprar unos regalos. El aparcamiento de la gran superficie está abarrotado, llevo minutos esperando un sitio. Por fin, un par de jubilados suben a su Polo para marcharse. Me sitúo y pongo el intermitente. El jubilado conduce tan torpemente que tengo que retroceder un poco para dejarle salir.

En ese momento un coche se me adelanta y ocupa la plaza de aparcamiento entrando desde el otro lado. Al volante va un joven corpulento con gorra de visera. Se me ha adelantado cuando yo ya había encendido el intermitente. Seguramente se ha dado cuenta de que me está quitando la plaza.

¿Debería quejarme y arriesgarme a tener una discusión? ¿O aceptar su comportamiento?

Ejercicio: ¿Cómo reaccionarías tú en mi lugar?

____

____

____

Mi reacción: Salgo del coche y hablo amistosamente con el joven: «Disculpa, pero llevo esperando un rato para aparcar en esta plaza y tenía el intermitente encendido. Tal vez no me viste, pero te has colado. Creo que los conductores debemos ser justos entre nosotros. ¿Serías tan amable de cederme el sitio?».

Su rostro se ensombrece por un momento. Ya me veo envuelto en un desagradable intercambio de palabras. ¿O acaso va a empezar una pelea? Pero entonces dice con resignación: «¡Vaya!, no me he dado cuenta. Solo tenía ojos para el aparcamiento. Disculpa, si ha sido así, buscaré otro sitio».

Evaluación desde la perspectiva actual: me alegro de haber reaccionado así.

Comentario: Actúo como defensor de mis propias necesidades. No estoy atacando al joven, sino describiendo observaciones y hechos. Mi declaración termina con una petición: digo lo que necesito. Y por eso lo obtengo.

La trampa de la amabilidad: Por un momento, me planteé esperar al próximo aparcamiento, en parte porque me imaginaba una reacción exageradamente airada del joven conductor. Las personas amables suelen retraerse cuando son tratadas injustamente, en lugar de afrontar los conflictos.

Mi lección: Cuando me alzo contra la injusticia, no soy yo quien está en posición de debilidad, sino la otra persona que se ha comportado injustamente.

2

Por qué la gente amable casi nunca hace carrera

En este capítulo aprenderás...

- cómo un jefe provocó un motín por su buen carácter,
- por qué tu amabilidad puede costarte una buena parte del sueldo,
- cómo la cortesía pone en peligro tu carrera profesional,
- por qué tu sonrisa atrae a los tiburones en el trabajo.

Abrirse paso a codazos

¿Has oído alguna vez describir a un alto directivo como «amable»? Si es así, lo más probable es que no haya durado mucho en el cargo. Un directivo amable sería como un héroe del Oeste sin revólver, le retarían constantemente a duelo y no podría defenderse en las peleas verbales, las negociaciones y las disputas de jerarquía. Sus oponentes desenfundan con rapidez y disparan sin miramientos. La economía de mercado ya no es «social», como en tiempos de Ludwig Erhard, sino brutal. Las empresas abren sus fauces para devorarse unas a otras, se llama «batalla de fusiones». Las empresas van a la guerra para arrebatarse la mejor mano de obra, es la «guerra de talentos». Y las guerras de precios se diseñan para llevar a la ruina a los competidores y poder así hacerse con un trozo aún mayor del pastel del mercado. Este clima bélico entre empresas se refleja en las oficinas y en las naves de las fábricas. Muchos compañeros de trabajo ya no se ven como colegas, sino como competidores. La carrera en aras de reducir costes aviva la competencia y provoca enfrentamientos. He aquí algunos ejemplos actuales:

- Una gran empresa contrata a dos vendedores para el mismo puesto. Los dos se sorprenden del doble nombramiento hasta que un compañero les dice: «El jefe quiere poneros a prueba. Uno de vosotros será despedido al final del periodo de prueba».
- Dos directivos de una empresa energética, cada uno de los cuales tenía antes una secretaria, van a tener que compartirla en adelante, aunque sigue habiendo trabajo para dos secretarias.
- El presupuesto salarial de un proveedor se incrementa un 1% por empleado y año, y los jefes de departamento pueden distribuir este dinero libremente. Si una persona consigue cobrar el 7%, seis compañeros se van con las manos vacías.
- En un centro de evaluación, veinte candidatos compiten por dos vacantes. La tarea consiste en defender y hacer valer el punto de vista propio en un debate en grupo.

Visualízate en las situaciones anteriores. ¿Serías capaz de defender con coraje tus intereses? ¿Serías capaz de hace valer tus propios derechos? ¿O tienes miedo de que otros se lleven el gato al agua? No hace falta mucha imaginación para adivinar el ganador en cada situación:

- ¿Quién consigue el trabajo en los grandes almacenes al final del período de prueba? ¿El vendedor más amable o el que se muestra más firme?
- ¿A qué directivo asistirá mejor la única secretaria restante? ¿Al amable o al exigente?
- ¿Qué empleado del departamento puede conseguir un aumento salarial del 7%? ¿Uno modesto o uno inmodesto?
- ¿Quién recibirá una oferta de trabajo después del centro de evaluación? ¿Una persona empática o alguien que se da bombo a sí mismo?

Este darwinismo social me molesta, pues premia la debilidad de carácter y hace hincapié en el rendimiento del discurso por encima del rendimiento del trabajo. Yo soy de la opinión de que toda empresa es una institución de la sociedad y, por tanto, no solo está comprometida con sus beneficios, sino también con la comunidad. No obstante, tengo que reconocer que valores humanistas como la justicia, la participación y la igualdad de trato están desapareciendo en las empresas. Si en tu trabajo te consideran «amable», suena mejor que si tienen por alguien al que «no se le puede tomar del todo en serio», pero significa lo mismo. No te recompensarán por ser amable, ya que no está en ningún perfil laboral. En cambio, *asertividad* es una de las palabras más comunes en los anuncios de empleo y ahora se espera incluso de los becarios.

La amabilidad atrae imposiciones. ¿Quién se lleva el trabajo sucio a casa? Una persona amable que no se defiende. ¿A quién no le dan ascensos ni aumentos de sueldo? A una persona amable que exige lo mínimo. ¿Y quién se lleva la peor parte de las luchas de poder cotidianas? Una buena persona que evita esos juegos de poder o ni siquiera se da cuenta de que existen.

Por el contrario, el reconocimiento y las recompensas fluyen principalmente hacia los arribistas y los egoístas. La amabilidad, un rasgo sutil del carácter, se ha convertido en una desventaja competitiva en el mundo laboral moderno.

En su clásico empresarial *Las 48 leyes del poder*, Robert Greene presenta el comportamiento social como una debilidad. Supongamos que dejas una propina generosa en un restaurante. ¿Qué deduce de ello una persona con poder? Que dependes del reconocimiento social de los demás y eres fácilmente manipulable.

El libro muestra cómo se puede engañar a las buenas personas, por ejemplo, cuando alguien te confía sus propios «secretos» —ya sean inventados o inofensivos— y tú, a cambio, revelas un secreto real. La trampa de la confianza se cierra y uno puede ser chantajeado.

El libro afirma sin rodeos: «Todo el mundo tiene un punto débil [...]. Una vez que usted la haya descubierto, esa debilidad se convierte en un elemento de presión que podrá manejar a su antojo y, por supuesto, siempre a su favor»[29].

Cada vez veo con más frecuencia a jefes que dejan que una disputa se desarrolle en su departamento sin intervenir. O que su actitud típica ante un caso de acoso laboral es la de mirar hacia otro lado, como me explicó un jefe de departamento: «Si intervengo para proteger a los débiles, desmotivo a los que más rinden». Es lo mismo que la naturaleza hace con nosotros: el más fuerte debe prevalecer.

¿Por qué hay tan poca gente amable en la alta dirección? Ahora ya lo sabes.

El jefe y el motín

«Me huele a motín: ¡mis empleados quieren deshacerse de mí!». Con esta dramática frase, el jefe de departamento Stefan Deidinger (38) describía su situación. Pero, ¿qué tenían sus empleados contra él? Sentado frente a mí tenía a un hombre que no parecía precisamente un tirano. Tenía líneas de expresión por todo el rostro. Su voz sonaba tan suave como el susurro de una brisa de verano. Y sus modales eran impecables. En dos ocasiones, cuando empezamos a hablar al mismo tiempo, me pidió perdón e insistió en que terminara mi frase antes que él.

Hasta hace unos días, se creía muy respetado como jefe. Sin embargo, un día llamaron a su puerta, y se presentaron tres empleados que le dejaron las cosas bien claras: «¡O se pone firme de una vez, o dejaremos de seguirle la corriente!».

El portavoz habló claro: «Estamos hartos de que nunca tome partido. Si alguien llega tarde por la mañana, usted no dice nada. Si alguien hace un trabajo chapucero, tan solo insinúa la crítica. Además, elogia trabajos que realmente no lo merecen».

Stefan Deidinger estaba sorprendido. Sabía que, sobre todo, hacía comentarios positivos y se centraba en los puntos fuertes de sus empleados, pero nunca se le habría ocurrido ofender a sus propios empleados. Al fin y al cabo, se beneficiaban de su actitud magnánima.

Contrapuso este argumento a los empleados, a lo que el portavoz replicó: «¿Por qué voy a seguir siendo puntual si usted deja que otros se salgan con la suya y lleguen tarde? ¿Por qué he de esforzarme al máximo si usted incluso elogia el fracaso? ¿Ha pensado alguna vez en las consecuencias de no despedir a Lydia Becker durante su periodo de prueba? Los demás trabajamos ahora para ella. Yo mismo le había dicho en varias ocasiones que su rendimiento laboral no era el adecuado. Pero usted tenía que darle otra oportunidad... Creo que no tuvo valor para despedirla».

En este tono contundente, las críticas contra Stefan Deidinger arreciaron en este tono contundente:

- «La reputación del departamento se ha resentido debido a su laxa gestión. Los otros departamentos están mejor considerados por la dirección, por eso los compañeros de allí cobran más».
- «Cuando hacemos propuestas en las reuniones de equipo, siempre evita dar su opinión. Nunca sabemos si algo le parece bien o no. No resulta nada estimulante proponer buenas ideas».
- «En las reuniones usted nunca interviene cuando alguien se desvía del tema en cuestión. Por eso las reuniones se hacen innecesariamente largas y aburridas».
- «Se aprueban las solicitudes de vacaciones y los cursos de formación, aunque no tengamos capacidad para ello. Y luego el resto de los empleados pagan el pato».

¿Para qué clase de jefe preferirías trabajar? ¿Para uno que deja que los empleados se salgan con la suya en todo o para uno que impone normas claras para todos? ¿Para alguien que elogia los buenos resultados y critica los malos, o para alguien que reparte elogios por doquier? ¿Para alguien que te transmite claramente a ti y a los demás empleados cuál es su postura, o para alguien que envuelve sus palabras entre algodones para no herir a nadie?

Créeme: los empleados no solo sufren cuando sus jefes son demasiado estrictos, sino también cuando son demasiado laxos. Un jefe demasiado amable es como un árbitro que no pita una falta. Este comportamiento es amable con el que comete la falta, pero injusto para el que la recibe. Si alguien se salta las normas en el trabajo, si llega tarde o trabaja de forma descuidada, hay que castigarle. De lo contrario, todos los que actúen correctamente se sentirán como si les estuvieran tomando el pelo.

Si un árbitro no pita nunca, las faltas son cada vez más duras. Lo mismo ocurre en la oficina. Si llegas cinco minutos tarde, pronto llegarás diez minutos tarde, luego serán veinte y finalmente media hora. El psicólogo Paul Watzlawick en su libro *¿Es real la realidad?* señala que basta con no abordar un primer retraso para que surja una norma no escrita para relajarse: «¡Puedo llegar tarde!»[30].

Cuando un jefe no pone las cosas en su sitio llevado por la amabilidad, no le está haciendo ningún favor a los que se saltan las normas. En lugar de actuar como corrector, confirma a los infractores en su camino erróneo, con consecuencias devastadoras para todos los implicados[31].

En nuestra sesión de asesoramiento, Stefan Deidinger admitió: «Es cierto que dejo que mis empleados se salgan con la suya en muchas cosas, aunque sé lo devastadoras que pueden ser las críticas».

«Entonces, ¿quiere cuidar a sus empleados?».

Asintió y le pregunté: «¿Pero, ¿qué se le pasaba por la cabeza cuando alguien llegaba tarde siempre?».

«Pensaba que no me tomaba en serio como jefe, pero luego me calmaba y me decía a mí mismo que no había que hacer de aquello un problema».

Sus diálogos interiores eran similares cuando la calidad del trabajo no era la adecuada. Había una voz que llamaba a las cosas por su nombre y otra que encontraba mil argumentos para aceptar las deficiencias y ahorrarse las críticas.

A lo largo de la sesión, averiguamos a quién quería proteger realmente: a sí mismo. Evidentemente, tenía miedo de enfrentarse a sus empleados. Temía caerles mal y que le consideran demasiado estricto. Durante su infancia había tenido que sufrir a un padre muy estricto. Sin embargo, en su intento de evitar este tipo de actitud, había reaccionado de forma exagerada y había acabado siendo arbitrario.

Solo después de varias sesiones se dio cuenta de que se podían establecer límites claros y mantener al mismo tiempo una actitud sensible hacia los demás. Reunió a sus empleados, recurrió a la comparación con el árbitro y anunció que en el futuro haría sonar el silbato de forma alta y audible cuando se incumplieran las normas. Sus empleados se alegraron de que por fin hubiera normas vinculantes para todos.

Esto es lo que pasa cuando eres demasiado amable al negociar

Estoy sentado en el despacho del jefe del departamento, Jürgen Berger, para ser testigo de una negociación salarial en calidad de supervisor. Estamos hablando animadamente cuando, de repente, se lleva el dedo índice a los labios:

—¿No acaban de llamar a la puerta?

Los dos aguzamos el oído. Ahora yo también lo oigo; un suave golpe en la puerta.

—¡Adelante! —dice Jürgen Berger con voz firme.

La puerta se abre vacilante y un rostro sonriente aparece tras ella. Berger me dice que Lydia Satin (38) es la «perla» de su departamento. Yo no puedo evitar torcer el gesto al oír esa palabra, que solía utilizarse para referirse a las criadas de la casa. Además, nunca había oído llamar así a una persona. Lydia Satin sonríe al saludar a su jefe, sonríe al saludarme a mí, y vuelve a sonreír al preguntarle a su jefe:

—¿Sigue usted reunido? ¿Interrumpo?

—No, no —responde su jefe—. Ya conoce al señor Wehrle, viene aquí de vez en cuando como asesor. Hoy estará presente durante nuestra negociación en calidad de supervisor silencioso. ¿Le parece bien?

—Sí, por supuesto —responde, todavía sigue con la sonrisa en su rostro.

Jürgen Berger le ofrece una silla. Ella toma asiento y coloca un bloc de notas y un lápiz justo delante de ella, sobre la mesa. Tiene los codos pegados al cuerpo y las piernas ligeramente cruzadas bajo la mesa, como si necesitara ir urgentemente al baño.

Su jefe inicia la conversación:

—Bueno, señorita Satin, hoy tenemos que hablar de su sueldo. ¿Empiezo por las buenas o por las malas noticias?

Su sonrisa se tuerce por un instante, como si fuera a desaparecer.

—Por las malas, así nos las quitamos antes de encima.

Jürgen Berger pone cara seria.

—Bueno, tengo que decirle que la situación presupuestaria es muy difícil. Seguro que ha oído hablar de las medidas de recorte de gastos en la dirección. No se pueden hacer grandes avances. Usted conoce la empresa desde hace ya un tiempo, se habrá dado cuenta de ello.

Hace una pausa, Lydia Satin le mira interrogante:

—¿Son esas las malas noticias? ¿O hay algo más?

Su última frase termina con una risa avergonzada.

—No se preocupe, eso es todo. Y ahora imagino que querrá escuchar las buenas noticias.

—Me encantaría —dice ella, y una sonrisa vuelve a iluminar su rostro.

—Una vez más, he de decirle que estoy muy satisfecho con su rendimiento laboral —afirma Jürgen Berger—. Usted contribuye en gran medida al buen ambiente en el equipo. Y no hay tarea que rehúya.

Enumera algunos trabajos en los que Lydia Satin ha participado con éxito, elogiándola por esto y por aquello.

Cuando termina, ella sonríe con toda su energía.

—¡Gracias! Me alegro mucho de que mi trabajo le merezca tan buena opinión. Después de todo, usted tiene muchas otras cosas entre manos.

—Ni que decir tiene que soy muy consciente de todo lo que usted hace —dice su jefe—. Y con mal presupuesto o sin él, este año le subirán el sueldo un 3%».

La sonrisa se tuerce de nuevo, Lydia Satin baja brevemente la mirada, entonces dice:

—Ante todo, gracias por la oferta. Lo que pasa es yo… —hace una pausa, buscando las palabras— bueno, en realidad el año pasado hablamos de que este año debería ser al menos del 7%» —dice «debería» en un tono tan agudo que la frase suena como una pregunta.

—Lo sé, lo sé —responde su jefe—. Pero las condiciones económicas han cambiado. Créame, tengo buena voluntad, pero, ¿qué puedo hacer yo? No puedo ofrecerle más de lo que me da la dirección. ¿O acaso cree que la estoy engañando?

Lydia Satin agita los brazos como si quisiera borrar toda sospecha de la habitación:

—Oh, no, yo nunca le acusaría de eso. Sé que la empresa sigue un programa de austeridad. Pero un tres por ciento… —su voz suena monótona. Mira al techo, buscando las palabras—. El tres por ciento es mejor que nada, sí. Y yo también se lo agradezco, pero no es exactamente lo que tenía en mente.

Una tímida sonrisa se dibuja en la comisura de sus labios. Respira hondo, lucha consigo misma y luego dice con voz aguda:

—Por eso quería preguntarle si hay algo más.

Jürgen Berger ladea la cabeza y pone cara de deprimido.

—Nos conocemos ya desde hace algún tiempo, señorita Satin. Quiero serle franco. Tan solo me han dado un pequeño suplemento presupuestario para todos los empleados del departamento. Cada céntimo extra que le dé tiene que salir del bolsillo de otra persona. ¿Es eso realmente lo que quiere?

—No —se apresura a decir—. No deseo quitarle a nadie su aumento de sueldo, todos han contribuido a nuestro éxito.

Jürgen Berger asiente.

—Eso es lo que aprecio de usted: que no piensa solo en sí misma, sino en todo el equipo. Y le prometo que, en cuanto el presupuesto dé para más, el aumento será mayor.

Las dos intercambian algunas frases amistosas. Lydia Satin me da las gracias por la «correcta conversación», sonríe a su jefe, me sonríe a mí y sale de la habitación tal y como entró: en silencio, sin molestar y muy amablemente.

Aquí es donde se frustra tu sueldo deseado

Las personas asertivas a menudo se aprovechan de la gente amable. La fuerza de su voluntad ahoga los deseos originales de la otra persona, según el paradójico lema: «Quiero que hagas lo que tú quieras, pero quiero que quieras lo que yo quiero»[32].

¿Por qué fracasó Lydia Satin en su negociación salarial? ¿Hasta qué punto su amabilidad se interpuso en su propio camino? ¿Por qué negoció tan mal? Y, seamos sinceros: ¿cuál de estos errores podría haberte ocurrido a ti?

Si Lydia Satin hubiera sido mi cliente, le habría dicho lo siguiente:

»Desde el principio, tuve la impresión de que no querías llamar la atención sobre ti y tu rendimiento. Sin embargo, esa es la esencia de una negociación salarial: que ganes apoyos. Cuando llegaste, apenas te oímos llamar a la puerta. En la habitación entró un ratoncito, no un tigre negociador. ¿Te diste cuenta de que estuviste sonriendo durante casi toda la negociación? El mensaje que resonaba era: ¡No me tome muy en serio! Esta señal de inseguridad empeoró tu posición, tu jefe se sintió superior.

Apenas ocupabas espacio en la mesa y tu lenguaje corporal era restringido. En cambio, tu jefe tenía los documentos extendidos delante de él y estaba sentado con las piernas separadas. Él se mostraba confiado y ofensivo, y tú nerviosa y a la defensiva. Durante la negociación, quisiste escuchar primero las malas noticias. ¿Por qué? Un mensaje positivo al principio podría haber aumentado tus posibilidades y moldeado el resto de la negociación: es lo que se llama efecto de primacía[33]. Por otro lado, la noticia de que el presupuesto era ajustado te puso inmediatamente con el viento en contra. Tu pregunta sobre si esas era las malas noticias o había «algo más» sonó ansiosa, como si te alegraras de que no hubiera más malas noticias. En lugar de eso, podrías haber dicho: «Precisamente cuando el presupuesto es ajustado, la empresa puede beneficiarse de los mejores trabajadores como yo. Por ejemplo, el año pasado aporté ingresos adicionales a través de...». Además, ¿de verdad te has tragado el argumento de tu jefe de que el presupuesto no da para más? Eso sería bastante ingenuo, porque donde hay voluntad, hay camino salarial.

Tu jefe habló favorablemente de tu rendimiento, por lo que le diste las gracias; en mi opinión con demasiada frecuencia y demasiada amabilidad. Esto le permitió quedar como una especie de mecenas («Ni que decir tiene que soy muy consciente de todo lo que usted hace») y venderte el mísero aumento salarial del tres por ciento como un gesto de generosidad («con mal presupuesto o sin él»).

Esta oferta estaba muy por debajo de tus expectativas. Y, sin embargo, apenas has insistido. Una negociación no termina con una mala oferta, sino que acaba de empezar.

¿Te resulta difícil enfrentarse a tu jefe con una exigencia clara? ¿Por eso trataste de suavizar tus palabras? No dijiste: «El año pasado hablamos de un aumento de al menos un 7% este año». En lugar de eso dijiste: «*En realidad, debería ser*...». Esto hace que tu mensaje carezca de fuerza.

Varias veces tu jefe se ha aprovechado de tu amabilidad y te ha chantajeado emocionalmente. Incluso te pidió que le confirmaras que estaba actuando de buena fe y que no te estaba engañando. En vez de eso, podrías haberle dicho: «Si realmente actúa de buena fe, demuéstremelo acordando un aumento salarial del 7%, tal y como convenimos el año pasado».

Me ha parecido bien que hayas hecho un nuevo intento de aumentar el 3% para negociar al alza. Sin embargo, no deberías haber elogiado la mísera oferta («Un 3% es mejor que nada»). Y cuando dijiste que esa oferta «no era exactamente» lo que tenías en mente tu jefe lo entendió como: *Es casi lo que quería, ¡lo acepto!* Esta impresión se vio reforzada por tu tímida respuesta. «Por eso quería preguntarle si no hay algo más». ¿«Querías» o sigues queriendo? Y si debería ser «más», ¿cuánto exactamente? ¿O solo «un poco más»?

Al final, otro chantaje emocional. Tu jefe insinuó que tu aumento era a costa de tus compañeros. No deberías haberle dejado hacerlo. La negociación versaba exclusivamente sobre tu salario, no sobre el de tus compañeros. Es más, quien acepta un salario bajo está rebajando el nivel del resto; eso no es social, sino antisocial.

En general, deberías haber sido más clara en las negociaciones y haber transmitido el siguiente mensaje clave: «Habíamos acordado un 7% para este año. Ahora me ofrece un 3%, que no llega ni a la mitad, ¡no estoy de acuerdo!». Así habrías puesto de relieve la seriedad de tu petición. Seguro que tu jefe te habría dado la razón. También habría ayudado que hubieras dejado que te subiera más emoción del corazón a la garganta, porque la fuerza de voluntad se refleja en la voz[34], pero sonabas monótona y tímida.

¿Y por qué le diste las gracias al final por la «correcta conversación»? No fue correcta: se aprovecharon de ti por tu amabilidad.

Así atraes a los tiburones (sin querer)

¿Qué significa cuando alguien te acerca mucho la cara? ¿Que quiere besarte? ¿O que quiere darte un cabezazo? Ambas cosas son posibles, según se trate de un ser querido o de un agresor. Un mismo comportamiento puede tener dos significados opuestos, y esto también se aplica a tus gestos de amabilidad. A veces pueden ser apropiados, a veces peligrosos, según la situación. He aquí unos cuantos ejemplos:

- Cuando le sonríes a un amigo, este se siente valorado y querido; si haces lo mismo con tu jefe en una negociación, piensa: «¡Mira, alguien es inseguro y se dejará engañar fácilmente!».
- Si eres precavido al hablar de tus propios éxitos, tu tía pensará que eres «simpático y modesto», pero en una entrevista de trabajo el mensaje será: «He aquí a alguien que tiene poco que ofrecer, o no tiene confianza en sí mismo».
- Cuando cedes durante una discusión con tu familia, se te considera «socialmente competente y dispuesto a transigir»: si actúas como Lydia Satin en una negociación salarial, se lo pones muy fácil a tu oponente.

La amabilidad es a los negocios lo que la sangre fresca a los tiburones: un cebo que puede alimentar la codicia de los demás y provocar una carnicería (verbal). En nuestra sociedad competitiva, la ventaja que se asegura una persona suele suponer también una desventaja para la otra:

- Cada céntimo que tu jefe se ahorra en las negociaciones salariales es una ventaja para él, pero tú no lo hueles.
- Cada puesto que consigue un compañero, es una ventaja para él, pero tú te quedas sin él.
- Y cada descuento que negocia tu cliente le beneficia a él, pero perjudica tus ventas.

Con frecuencia se piensa que las personas amables son débiles, la cortesía se confunde con indecisión y la diplomacia se percibe como conformidad. Pero, ¿qué señales envías para atraer a los tiburones? ¿Qué hay que evitar en el trabajo y en otros lugares para que los demás te tomen más en serio? Estas son las ocho mayores trampas en las que cae la gente amable:

1. **Sonreír ante temas serios**

   Cuando un simio enseña los dientes, es un gesto de sumisión. Evita la lucha y empuña sus armas. Cada palabra que dices pasa previamente por el filtro de tu mente. No obstante, tu cuerpo se comunica involuntariamente; tu postura, tus gestos y tus expresiones faciales solo pueden controlarse hasta cierto punto. Por eso la gente amable suele sonreír cuando le dicen cosas menos agradables como, por ejemplo, ante el rechazo. Estos dobles mensajes, conocidos como doble vínculo, empañan tu carisma[35], como si alguien pisara el acelerador y el freno al mismo tiempo cuando conduce un coche. ¿Cómo interpreta tu interlocutor este comportamiento? ¿Teme que, después de todo, te impongas? ¿Te está tomando en serio? No, ve tu sonrisa como un signo de debilidad, como una forma de capitulación.

Por eso es tan importante ser consciente de las situaciones en las que sonríes. Solo cuando sepas lo que hacen tus músculos faciales podrás tomar medidas para controlarlo. Yo diferencio tres tipos de sonrisas:

- *Sonrisa de ganador:* Sonríes con confianza. Por ejemplo, porque has conseguido algo en el trabajo, porque estás contento con tu vida o porque la negociación te va bien.
  Conclusión: Esta sonrisa te ayuda. Transmite tu éxito y tu confianza en ti mismo. Muchos directivos incluso la exageran.
- *Sonrisa de simpatía*: Sonríes para mostrar tu simpatía, por ejemplo, cuando te encuentras con un conocido, ves jugar a un niño o le das las gracias a alguien que te ha hecho un favor.
  Conclusión: Esta sonrisa de simpatía te devuelve lo mismo: simpatía. Contribuye a crear un clima humano y no entraña riesgos.
- *Sonrisa de sumisión*: Sonríes para apaciguar a la otra persona. Por ejemplo, tu jefe hace un comentario injusto sobre ti en una reunión importante, pero tú, en lugar de protestar, sonríes.
  Conclusión: Esta sonrisa es doblemente peligrosa. Por un lado, algunas personas se sienten inclinadas a aprovecharse de ti. En segundo lugar, vives de forma incongruente: no muestras lo que sientes y no sientes lo que muestras. Esto lastra tu autoestima y disminuye tu carisma.

¿Cómo dosificar tu sonrisa? Por ejemplo, pídele a una persona de confianza que te haga señales cuando (probablemente) estés sonriendo involuntariamente. Muchas personas se sorprenden de la frecuencia con la que sonríen. Esta toma de conciencia te ayudará a ser más consciente y a mostrar expresiones faciales más coherentes. También puedes pensar en cómo quieres que luzca tu rostro antes de las conversaciones importantes. ¿Qué sería apropiado para esa situación? Prueba frente al espejo qué expresión facial se adapta mejor a tus sentimientos internos. ¿Esto te convierte en actor? Todo lo contrario. Estás corrigiendo un acto, es decir, tu sonrisa falsa, y sustituyéndola por una expresión facial auténtica.

2. **Dar las gracias (demasiado) a menudo**
¿Eres como yo? ¿Estás en guerra con la gente que no conoce la palabra «gracias»? La gratitud es una virtud. Mejora el tono del comportamiento, aumenta la cohesión social y mejora la calidad de vida. Se ha demostrado que las personas agradecidas con los demás viven más y tienen menos probabilidades de sufrir depresión[36]. Sin embargo, una sobredosis de ella puede convertirse en veneno. Y mientras que las personas egoístas tienden a ser tacañas con la gratitud, las personas sociales caen en el otro extremo: colman de ella a sus semejantes. He aquí algunos ejemplos de mis sesiones:
   - Una candidata agradece efusivamente que la hayan invitado a una entrevista. Repite varias veces lo contenta que está de que le hayan «dado una oportunidad, a pesar de que deben haberse presentado más de cien personas».
     Consecuencia: Un simple «gracias» habría sido educado y habría jugado a su favor, pero este himno de agradecimiento alimenta una sospecha: que ella misma cree que no merece esta invitación. Se desliza hacia un estatus bajo, «dar una oportunidad» suena a reinserción, no a confianza en uno mismo.

- Un empleado le agradece varias veces a una compañera que le haya ayudado con un proyecto. Hace unas semanas ella había hecho lo mismo con otro compañero, pero sin recibir tantos agradecimientos.
  Consecuencia: La compañera tiene la sensación de que su compañero está en deuda con ella. La próxima vez que tenga mucho trabajo podrá exigirle ayuda al simpático oficinista.
- Un comercial le da las gracias efusivamente a un cliente porque este le perdona un pequeño error de cálculo. Repite su agradecimiento varias veces.
  Consecuencia: El cliente percibe cada vez más el error como una imposición y se pregunta: «¿Cómo puedo reconvenir el precio?». Es muy posible que insista en una rebaja desmesurada del precio en la siguiente oferta.

No exageres tus agradecimientos. Conozco a personas amables que se inclinan verbalmente por cualquier nimiedad. Repiten y enfatizan su agradecimiento hasta que la otra persona los ve como almas caritativas, aunque solo hayan hecho lo obvio.

Aun así, ¿no es mejor una alta dosis de cortesía que de mala educación? Eso es cierto para las personas groseras. Sin embargo, las personas amables tienden a *subestimar* su cortesía. Si tú, como persona amable, sientes que *no* has dado las gracias con la suficiente claridad, la dosis es la adecuada. El receptor mide el agradecimiento según sus propios criterios. Y del mismo modo que no se prodigan en agradecimientos hacia sí mismos, tampoco los esperan de los demás. Por ejemplo, si tu jefe te concede un día libre, un breve «gracias» es suficiente. No hace falta que cantes varias estrofas de agradecimiento.

Cada agradecimiento profuso es un regalo para tus semejantes. Y los regalos solo deben hacerse en ocasiones especiales. Cuando das las gracias en pequeñas dosis, aumentas el valor de tu agradecimiento.

3. **Actuar sin la determinación necesaria**

Imagina a un delantero de fútbol que corre hacia la portería contraria. Sin embargo, cuando el primer defensa se interpone en su camino, se detiene y deja escapar el balón. Más tarde comenta: «Tal vez habría superado al defensa, pero no quería regatearle y dejarle en evidencia ante el público».

Este ejemplo parece absurdo, pero es exactamente lo que sucede en la vida cotidiana. Las personas amables suelen dejarse disuadir de sus planes en cuanto alguien se interpone, en cuanto surge una resistencia, en cuanto amenaza conflicto. He aquí algunos ejemplos de mis sesiones:

- Un simpático químico de alimentos presenta un nuevo método en una reunión. Quiere que se sustituya el método anterior. No obstante, cuando un colega califica el nuevo método de «demasiado arriesgado y no probado», nuestro amable personaje se limita a discrepar a medias; no quiere provocar un conflicto delante del grupo.
- Una trabajadora de una fábrica ha decidido no hacer turnos de noche la semana que viene porque tiene visita familiar. Además, está haciendo más turnos de noche que sus compañeros. Sin embargo, ninguno de sus compañeros quiere sustituirla. Así que se calla su petición.
- Un representante de ventas lleva años aplazando el resto de sus vacaciones, ya van 21 días. Se ha propuesto coger cuatro semanas más de vacaciones este año. Sin embargo, cuando hablan de planificar las vacaciones, su jefe intenta persuadirle: «Tenemos que pensar también en nuestros compañeros». Pese a que nadie aplaza tantas vacaciones como él, se contiene.

Las personas amables siempre se dejan quitar la pelota porque quieren dos cosas a la vez: satisfacer sus necesidades y no ofender a nadie. Cuando ambas cosas chocan, se echan atrás. Sin embargo, la vida es como el fútbol. Los adversarios hacen que el juego sea emocionante. Y tu propia fuerza crece ante la resistencia. Las personas amables harían bien en actuar con más decisión. Cuantos más defensas haya que superar, mejores serán los goles que se marquen.

4. **Relativiza sus propios pensamientos**

Como periodista, he aprendido una cosa: empieza tu artículo con un terremoto… ¡y ve *in crescendo*! Lo mismo es aplicable a la oratoria. Si no consigues enganchar a tu público con las primeras frases, enseguida verás caras de aburrimiento. Esto suele ocurrirle a la gente amable. Ya de buenas a primeras devalúan sus propias declaraciones. Hace poco escribí los siguientes inicios de frases. A ver si alguno de ellos te suena:

- «Tal vez sea una idea estúpida, pero he estado pensando…».
- «Parece una tontería, pero aun así…».
- «No estoy seguro de si esto encaja en el tema, pero acabo de recordar…».
- «Sé que ya hemos terminado con este punto, pero…».
- «Ciertamente, no estoy diciendo nada nuevo ahora, pero…».

Por un lado, la falsa modestia sale mal parada, como demuestra un estudio realizado por la Escuela de Negocios de Harvard. Las personas que hablan mal, aunque sepan hacer algo, son percibidas como antipáticas[37]. Por otro lado, ¿a quién le gusta escuchar una «idea estúpida»? ¿A quién le gusta prestar oídos a algo banal o familiar? A todos nos gustan las ideas nuevas y emocionantes. Lo irónico es que la gente amable suele decir algo realmente emocionante después de tales presentaciones, pero ¿quién hay escuchando?

Las ideas de las personas amables se pierden o son robadas. Más tarde, otros participantes en la reunión venden la idea como propia, y el mismo grupo que no reaccionó al principio ahora da un estruendoso aplauso. Lo importante no es lo que se dice, sino cómo se dice. Y la introducción marca el tono. Los buenos vendedores de ideas propias anuncian su idea así, por ejemplo:

- «Tengo una idea que podría resolver dos problemas a la vez...».
- «Creo que hasta ahora hemos pasado por alto un aspecto muy importante...».
- «Se me acaba de ocurrir una idea que podría hacernos avanzar...».

¿Haces que a los demás se les haga la boca agua con tu idea? ¿O vas con la frente bien alta? Y si es así, ¿por qué relativizas tus propias ideas?

En mi consulta, por ejemplo, muchas veces escucho: «Me resultaría embarazoso anunciar una gran idea... y sería un desastre». Muy común también es la preocupación: «No quiero poner mi idea por encima de la de los demás”.

La modestia de las personas amables tiene dos raíces: la duda y la consideración. No obstante, ¿dónde está la duda de los que dominan la reunión con sus pensamientos banales y nunca ponen una idea en perspectiva? Seguro que tu listón está demasiado alto. Cuanto más consigues convencerte de tus propias ideas, más convences a los demás. Siempre que empieces con una entrada emocionante.

5. **Elogios en voz baja**

Tu jefe te dice: «Ha sido una exposición excelente, muchas gracias». ¿Puedes aceptar de buen grado este agradecimiento o te da vergüenza que te elogien, sobre todo en público? Es posible que objetes: «No ha sido para tanto»? O bien: «Solo he hecho mi trabajo»? O incluso: «No creo que haya sido tan buena, algunas cosas podría haberlas hecho mejor, como, por ejemplo...».

Cuando pregunto a personas amables por qué reaccionan así, obtengo respuestas como:

- «Me incomoda que la gente piense que soy un genio. Al fin y al cabo, no soy un fanfarrón».

- «No quiero robarles el protagonismo a mis compañeros; ellos también hacen un buen trabajo».
- «Quiero mantener los pies en la tierra. No me gusta cuando alguien me alaba en exceso».

Pero, ¿qué ocurre si rechazas constantemente los cumplidos? Corres el riesgo de que tu jefe se pregunte si su cumplido era en realidad exagerado. Tu autopercepción crítica teñirá tu imagen externa. Y esto es muy desfavorable, por ejemplo, de cara a tu próxima negociación salarial o de ascenso.

El siguiente comportamiento es más inteligente: Deja que el comentario positivo se asimile, saborea el momento, muestra tu satisfacción y da las gracias a tu interlocutor.

En su libro *El mito del carisma*, la autora Olivia Fox Cabane describe cómo una amiga suya se topó por casualidad con Bill Clinton, expresidente de los Estados Unidos en los pasillos de la sede de Google. La amiga casi se quedó helada de asombro, pero luego le dijo: «Esto…, gracias por su servicio al país».

La reacción de Clinton fue de lo más interesante. «Él se detuvo y pareció pensativo durante un segundo, como si la idea no se le hubiera ocurrido nunca. Luego pareció asumirlo, como si fuera lo más amable que nadie le hubiera dicho nunca. Relajó los hombros, sonrió con su gran sonrisa de "Ah, vaya", y reaccionó como si él fuera un miembro de los Cub Scouts deslumbrado y yo fuera el presidente. "¡Oh, fue un honor!"»[38].

Este ejemplo muestra cómo se puede aceptar *humildemente* un cumplido. La interlocutora de Clinton quedó profundamente impresionada, porque su cumplido había conmovido al expresidente. En cambio, si rechazas un comentario positivo, pareces innecesariamente pequeño y ofendes al emisor del elogio.

6. **Generar poco viento en contra**

¿Cómo reacciona Lydia Satin ante la mísera oferta de su jefe durante las negociaciones salariales? Con un «gracias» y una objeción prudente. La gente amable odia generar viento en contra. Evitan mostrar abiertamente su decepción. No quieren poner a su interlocutor en una situación desagradable.

No obstante, ¿has pensado alguna vez por qué iba a hacerte ninguna concesión la otra parte negociadora mientras se encuentre en una situación cómoda? Es como alguien que por la noche está tumbado en su confortable cama bajo una cálida manta. No se levantará sin necesidad. Sin embargo, en cuanto suena la alarma de incendios, se levanta. Si das la alarma y subrayas la urgencia de tu preocupación, conseguirás mucho más.

Conozco a un sindicalista experimentado que negocia así con gran éxito. Cada vez que la patronal le hace una oferta, se estremece como si le hubieran insultado. A veces se tapa la boca con la mano, mueve la cabeza con incredulidad o se queja airadamente, con los ojos muy abiertos como si no pudiera creer lo que acaba de oír. Todo su lenguaje corporal envía una sola señal: «¡Me escandaliza esta oferta! Está tan por debajo de mis expectativas que ni siquiera vamos a discutirla».

Entonces ocurre algo sorprendente. En ocho de cada diez casos, no tiene que decir ni una palabra más, porque la otra parte no soporta su reacción y hace una oferta mejor. Consigue que los demás negocien contra sí mismos.

Este sindicalista soporta que su reacción alimente su mala conciencia. Y se permite desahogar sus sentimientos negativos sobre las ofertas, por lo general escasas, utilizando el lenguaje corporal.

Este método tiene un nombre en psicología de la negociación: *Flinch,* el término inglés para «acobardarse». Los negociadores profesionales suelen reaccionar con ese sobresalto ante la primera oferta, independientemente de su cuantía[39]. Suponen (normalmente con razón) que la primera propuesta solo utiliza una parte del margen de maniobra y que aún hay mucho margen de mejora.

Un segundo método de negociación es el llamado *Crunch,* la palabra inglesa para «crujir». En este caso se rechaza la oferta de forma sucinta y con palabras claras: «No es suficiente. No puedo aceptarla». Esta postura clara enciende al interlocutor. O cede, o la negociación puede fracasar. Sorprendentemente, a menudo sigue adelante. Por el contrario, una objeción poco entusiasta («En realidad, esperaba más»), como las que suele plantear la gente amable, no tendría ningún efecto.

Las personas amables tienden a evitar los conflictos y las luchas de poder. Sin embargo, si no te lanzas al ruedo, ¡ya has perdido la batalla! Según un estudio de la Universidad de Múnich, son sobre todo las mujeres las que caen en el «trampa de la amabilidad». Se las subestima, se las considera menos asertivas y, por tanto, tienen menos probabilidades de llegar a la cima que los hombres, incluso en sectores dominados por las mujeres, como las relaciones públicas[40].

Pero, ¿cómo conseguir luchar por tus intereses? Pues entendiendo que un resultado justo beneficia a ambas partes. Si, por el contrario, te conformas con un resultado mísero, la otra parte tendrá una falsa sensación de seguridad; por ejemplo, tu jefe puede pensar que te conformas con un ligero aumento de sueldo mientras tú buscas en secreto un trabajo mejor pagado.

Aquellos que manifiestan lo que realmente quieren son los que se comportan con lealtad, pues le dan a la otra persona la oportunidad de cumplir esa exigencia.

7. **Descuidarse a uno mismo**

Conozco a una amable vendedora al por menor que en su tiempo libre trabaja para un banco de alimentos y proporciona comida a los pobres. En su trabajo, Elvira Faun (48) recorre los supermercados de la región, negocia con los empresarios y consigue el apoyo de los políticos locales. Sus reivindicaciones son firmes y rotundas. Elvira Faun es una ferviente defensora de los pobres, pero se le da fatal representar sus propios intereses, dice: «Me resulta fácil defender a los demás. Enseguida encuentro las palabras adecuadas, pero si tuviera que luchar por mí misma, me iría al garete. Me trago mi rabia. O me siento egoísta».

Así es como se sienten muchas buenas personas. Son capaces de implicarse por los demás, pero no por ellas mismas. Entonces recurren a las reticencias de su infancia: ¡Sé modesto! No te tomes a ti mismo tan en serio. No te pongas siempre en el centro del foco.

Elvira Faun es incapaz de rechazar las horas extraordinarias en su trabajo. Su salario lleva años estancado. Además, trabaja demasiado en comparación con sus compañeros. Todas las tardes es la última en salir y cerrar la tienda. El dueño de la tienda especializada se lo agradece, aunque solo sea verbalmente: «Sé que puedo confiar en usted al cien por cien».

Ahora está al borde del *burn out* (por eso acudió a mí en busca de asesoramiento). Reflejé su situación en una imagen:

—Antes de despegar, las azafatas siempre dicen: «En caso de emergencia, pónganse primero su propia máscara de oxígeno antes de ayudar a los demás». Tengo la sensación de que estás ayudando a los demás sin recibir suficiente aire tú misma.

Reflexionó y contestó:

—¿Me estás diciendo que la gente a la que ayudo no tendrá nada más de mí si me vengo abajo?

—Exacto. Solo quien se ocupa de sus propias necesidades tiene fuerzas suficientes para ocuparse de los demás a largo plazo. Tomarse en serio a uno mismo no es algo egoísta, sino social. Como dice la Biblia: «Ama a tu prójimo como a ti mismo». La segunda mitad de esta frase se ignora con demasiada frecuencia.

Durante la sesión de asesoramiento, trabajé con Elvira Faun en nuevas ideas (véase a partir de la página 101). Cada vez que hacía algo por sí misma, ahora pensaba: «Es bueno que me ponga esta máscara de oxígeno. No lo hago solo por mí, sino también para poder seguir ayudando a los demás». Con esta asunción, desarrolló en su propio beneficio la fuerza que antes solo había utilizado para los demás. El primer resultado fue un aumento del 11% en su salario mensual.

8. **Escapar de situaciones difíciles**

¿Te has dado cuenta de lo rápido que Lydia Satin se deja engatusar en sus negociaciones salariales? En lugar de rebatir los argumentos de su jefe, los acepta y cede. ¿Por qué? Porque odia las situaciones tensas, ya se trate de conflictos, negociaciones o críticas.

Hay tres respuestas de nuestro pasado lejano que están almacenadas en nuestro tronco encefálico y siguen utilizándose hoy en día, como cuando vimos al tigre dientes de sable aparecer de entre los arbustos[41]:

- Respuesta 1: nos acercamos al peligro y buscamos la lucha.
- Respuesta 2: nos quedamos congelados para evitar el peligro, es decir, el ataque.
- Respuesta 3: nos ponemos en marcha y huimos para dejar atrás el peligro.

La respuesta de lucha habría significado: Lydia Satin planta cara a su jefe, insiste en sus demandas y se enfrenta a él con argumentos opuestos. No obstante, si lucha, puede perder. Por eso le parece arriesgado, y también egoísta. Le pagan por resolver los problemas de su jefe, no por provocárselos.

Inconscientemente, prefiere quedarse inmóvil. Acepta casi sin rechistar lo que su jefe dice y ofrece, como si estuviera tratando con un depredador al que no quiere provocar pues podría volverse más peligroso ante cualquier atisbo de resistencia. No quiere arriesgarse a un «intercambio de golpes». Eso suena a pelea.

También utiliza la tercera respuesta. Abandona la negociación con notable rapidez, con un audible suspiro de alivio. Lo que la alivia no es el mal resultado de la negociación, sino el hecho de que la negociación haya terminado. Huye de la boca del lobo, respira aliviada y vuelve a terreno seguro. Los egoístas saben desde hace tiempo cómo manipular. Presiona a las persona amable, haz que se sienta incómoda… y aceptará lo que en realidad es inaceptable. El jefe de Lydia Satin sigue exactamente este patrón: le hace sentir culpable, finge no poder ofrecerle nada mejor y la presiona con su mísera oferta hasta que acepta.

¿Cuántas veces has dicho que sí durante una conversación solo para quedarte tranquilo? ¿Cuántas veces has cedido en conflictos solo para rehuir una discusión? ¿Cuántas veces te has dejado convencer para cerrar un trato, aunque solo fuera para comprar una cosa, porque alguien te presionaba desagradablemente?

Solo cuando eres consciente de esta reacción de huida puedes decidir cambiar tu comportamiento y poner un palo en la rueda de aquellos que se quieren aprovechar de ti. Y es que, «si luchas, puedes perder, pero si no luchas, ya has perdido».

Mi prueba de amabilidad

EL POBRE BEBEDOR DE CAFÉ

La situación: Es 1988, tengo 18 años y es un día especial. Frederic W. Nielsen, escritor que tuvo que emigrar de su país por culpa de Hitler, me ha invitado a su casa. Le impresionó una carta que yo había enviado al editor de un periódico. Le gustaría conocer a este joven escritor.

Fue un gran honor para mí conocer a este hombre, que ya en 1933 había reconocido a Hitler como una catástrofe, emigró a Praga y escribió con tal valor en contra de los nazis que se colocó en el número 7 en la lista de personas más buscadas por la Gestapo cuando los alemanes invadieron el país. «¿Cómo le gusta el café?», me pregunta la señora Nielsen, y tiende la mano hacia la cafetera. Sin embargo, a mí no me gusta el café, así que le digo por educación: «Con mucha leche». Sabe fatal.

Una semana después, le visito por segunda vez. La señora Nielsen coge la cafetera: «Sé que lo toma con mucha leche». La jarra ya se cierne sobre mi taza. ¿Debo ser sincero y negarlo? ¿O ser diplomático y aceptar?

Ejercicio: ¿Cómo habrías reaccionado tú en mi lugar?

____

____

____

Mi reacción: No quiero admitir que la primera vez mentí por educación. Así que vuelvo a aceptar el café con mucha leche. Consecuencia grotesca: durante los años siguientes, *siempre* tomo café cuando visito a Nielsen sin que nunca me haya gustado realmente. Cuanto más lo hago, menos me gusta.

Evaluación desde la perspectiva actual: Debería haber dicho la verdad desde el principio. «Gracias por ofrecerme café, pero prefiero tomar cualquier otra cosa. Agua, por ejemplo. O leche». O en la segunda visita:

«El hecho de que bebiera café la última vez fue la gran excepción. Prefiero tomar…».

Comentario: Ser cortés con los demás no significa tragar con todo, sino reconocer honestamente las propias necesidades. Solo entonces podrán realizarse.

La trampa de la amabilidad: Las personas amables perciben rápidamente sus propios deseos como «caprichos» que causan problemas a los demás. Sin embargo, se trata de necesidades importantes. Cuando aceptas cosas que no te gustan, te perjudicas a ti mismo.

Mi lección: Si no le dices a alguien de inmediato lo que quieres o no quieres, díselo más tarde. Cualquier momento es mejor que nunca.

3

La amabilidad que nos inculcan desde pequeños

En este capítulo aprenderás...

- los trucos que usa tu cerebro para seducirte y que seas amable,
- cómo tu infancia aún te controla sin que te des cuenta,
- cómo una gota de saliva defenestró por completo a un hombre adulto,
- por qué no es egoísta defender tus propios intereses, sino una actitud social.

¿Por qué no abro la boca?

—Cuando estoy en grupo, siempre voy con pies de plomo —dice Bianca Löffler (44)—. Hace poco hubo una fiesta en casa de nuestros vecinos. Me pasé toda la noche en un grupo hablando de política. A menudo no estaba de acuerdo, pero asentía y me callaba mis opiniones.

—¿Los demás también eran tan reservados? —le pregunté.

—Todo lo contrario. Un director general con un imponente reloj en la muñeca se puso a despotricar contra el impuesto sobre el patrimonio. Me pareció vergonzoso.

—¿Por qué motivo?

—Actuó como si este impuesto fuera malo para la sociedad, pero solo sería malo para él personalmente.

—¿Y acaso no tiene derecho a defender sus intereses?

—¡Pero no de una forma tan vulgar! Me habría gustado responderle. Sin embargo, miré al grupo y me pregunté: «¿quién está en contra del impuesto sobre el patrimonio? ¿A quién puedo ofender? Seguro que acabo avergonzando a los vecinos que me invitaron».

—¿Hubo alguna otra cosa que te impidiera decir lo que pensabas?

Apoyó la barbilla en la palma de la mano y reflexionó por un momento.

—Pues pensé: «¡No te pongas así, que no sabes nada de política! Este tío parece que no soporta que le lleven la contraria. No actúes aquí en plan policía social, o pensarán que eres una querulante».

—Una parte de ti quería rebelarse, pero otra te retenía. ¿No es así?

—Sí, y ahora me viene a la cabeza el pensamiento más importante: «¡No hace falta que des tu opinión sobre todo!».

—¿Es nuevo este mensaje? ¿O ya lo habías oído anteriormente?

—Ya lo había escuchado antes. Mi madre solía decírmelo *todo el tiempo*. Yo era un niña muy descarada.

—¿Cómo llevaban tus padres el hecho de que fueras una niña muy «descarada»?

—Me regañaban cuando daba mi opinión sin que me lo pidieran. Todavía oigo a mi madre decir: «Es mejor callar y que te tomen por tonta que abrir la boca y confirmar que lo eres». Con los años, me volví menos indiscreta.

—¿Te imaginas ir a la fiesta de tu vecino con tu viejo *body* de cuando eras niña? ¿O con un sonajero en la mano?

Me miró con extrañeza.

—¿A dónde quieres llegar?

—Hace tiempo que tiraste la ropa y los juguetes de tu infancia; ya no te sientan bien, eres una mujer adulta. Sin embargo, el comportamiento infantil en la mesa, ese que dice que no se debe molestar a los demás, es obvio que todavía lo llevas contigo.

Se rascó la oreja.

—¿Esto realmente tiene que ver con la infancia? Yo solo trataba de ser educada durante la conversación.

—¿Fue educado mostrar conformidad con tus interlocutores, aunque no estuvieras de acuerdo con ellos? ¿Fue educado contigo misma reprimir tus opiniones?

—Tengo miedo de meterme en problemas si digo lo que pienso. También me contengo en el trabajo y con mi familia. A veces quiero decir algo, pero es como si alguien me tapara la boca.

—Quizás sea tu voz crítica interior. Es el eco de todas las frases desalentadoras que oímos a lo largo de nuestra infancia. Tiene muchísimo poder porque se mete en nuestra cabeza sin llamar. Nos controla sin que nos demos cuenta.

—Y, ¿cómo puedo reconocer a esa voz crítica interior antes de que ya haya hecho que me reprima?

—Mantente alerta cuando de repente te sientas mal sin motivo aparente. Pregúntate: «¿Se me ha metido en la cabeza la voz crítica interior? ¿Y qué es exactamente lo que me susurra?».

—¿Y después?

—Salúdala. Ponle nombre, llámala «Mauli», por ejemplo. Puedes decirle: «Hola, Mauli. ¿Qué haces tú por aquí otra vez?».

—¿Y qué sentido tiene eso?

—Te sirve para poner distancia interior, porque te das cuenta de que esa voz no eres tú; tan solo es una parte de ti: Mauli. A partir de ese momento, ya no te tomas lo que dice como una verdad absoluta, sino que puedes examinarlo de forma crítica.

—Dame un ejemplo de cómo funciona esto en el día a día.

—Supongamos que Mauli te susurra: «No digas nada malo delante del grupo, ¡cállate!». Entonces, tienes que iniciar un diálogo interior con ella: «¿A qué te refieres con nada malo? Una opinión no puede estar equivocada, solo puede diferir de otras opiniones». Tal vez Mauli te responda: «Te vas a morir de vergüenza, ¡espera y verás!» Y tú le dices: «Y qué si lo hago, no se va a acabar el mundo. Pero a lo mejor convenzo a los demás». Continúas este diálogo interior hasta que has desarrollado tu propio punto de vista. De este modo, interrumpes el piloto automático y no actúas como una niña asustada, sino como una persona adulta.

¿Cómo es en tu caso? ¿Qué voz interior interfiere en tu vida cotidiana? ¿En qué situaciones te llama? ¿Y qué te dice exactamente? ¿Puede ocurrir que esta voz incluso te insulte diciéndote cosas como «¡Pero qué tonto eres!» o «¡Este error es típico de ti!».

Utiliza el diálogo con tu voz crítica interior. Hazla visible e invítala a un diálogo constructivo. Cuanto más conscientemente te enfrentes a tus propias inhibiciones, más seguro de ti mismo podrás vivir, en lugar de quedarte atascado en los patrones de tu infancia.

Cuando las necesidades pasan desapercibidas

Imagina que vas por la autopista a 150 km/h e inicias una maniobra de adelantamiento. En tu coche se enciende una luz roja de advertencia: «¡La presión de los neumáticos ha bajado considerablemente!». ¿Sigues acelerando? No, te detienes y compruebas los neumáticos. Te das cuenta de que la señal de advertencia sirve para algo y que ignorarla puede poner en peligro tu vida. Sin embargo, las mismas personas que se toman en serio las señales de advertencia de su coche ignoran las señales de su propia psique. Dejan de lado su frustración, ignoran su enfado, pasan por alto su insatisfacción y niegan su miedo. Muchas personas amables ignoran incluso las necesidades de su cuerpo:

- Ignoran el hambre y la sed cuando están en grupo. Solo comen y beben cuando lo hacen los demás.
- Reprimen su necesidad de ir al baño si les parece inapropiado estando con más gente.
- No se toman en serio su cansancio e incluso ignoran fuertes dolores de cabeza, si creen que molestan o incomodan a los demás.

La necesidad de complacer a los demás se impone a las propias necesidades. Esta afirmación de un amable gestor de proyectos del sector informático es típica: «En mi grupo de trabajo, registro todas las expresiones faciales a mi alrededor. Si alguien tuerce la comisura de los labios, le pregunto si hay algo que le moleste de la propuesta. A continuación, dejo que todo el mundo exprese su opinión, escucho y presto atención. Quiero complacer a todo el mundo, estoy todo el día atento y concentrado. Sin embargo, después del trabajo, me desplomo literalmente. Solo entonces me doy cuenta de que estoy muerto de cansancio y vacío por dentro. He pasado tanto tiempo preocupándome por cómo les va a los demás que no me he prestado atención a mí mismo».

Como considera necesario estar atento y concentrado, actúa así, incluso cuando está muerto de cansancio. Cree que le debe esta concentración a los demás. Durante la sesión de asesoramiento salió a la luz una creencia que le habían inculcado sus padres: «¡Escucha con atención a los demás! Ya dormirás lo suficiente cuando estés muerto». Todavía hoy vive conforme a esta idea, y pasa por alto sus propias necesidades. Pero, ¿cómo va a ocuparse de sus propias necesidades sin conocerlas? ¿Cómo va a cumplir su voluntad si siempre está subordinado a los demás? El abandono de la amabilidad sin límites es un camino hacia una mayor conciencia. Cuanto mejor te conozcas, mejor podrás cuidarte. Hazte las siguientes preguntas:

- ¿Hasta qué punto sé lo que siento cada minuto del día? ¿Estoy al cien por cien conmigo mismo? ¿Tengo todos mis sentidos conectados?
- Cuando hago algo, ¿cuántas veces sé por qué lo hago? ¿Qué impulso desencadena la acción? ¿Qué objetivo persigo?
- ¿Con qué frecuencia me aseguro de que lo que digo y hago está en consonancia con lo que pienso y siento?
- ¿Hasta qué punto me pregunto antes reunirme con otras personas qué es lo que realmente quiero de ellas y cuáles son mis objetivos?

- ¿Con qué frecuencia sustituyo lo que quiero por lo que debería hacer, o no hago lo que creo que es correcto, sino lo que los demás esperan de mí?
- ¿En qué situaciones soy yo el guionista de mi vida? ¿Y cuándo soy solo un actor cuyo guión han escrito otros?

Una idea que tú elijes por ti mismo te ayuda en la vida, igual que un amigo. En cambio, una forma de pensar automatizada puede provocar problemas psicológicos. Te frenas a ti mismo, reprimes tus deseos y eres demasiado duro contigo.

Por ejemplo, hace un tiempo yo asesoré a un político de éxito. Había conseguido un mandato directo en el parlamento regional. Era un político muy solicitado en su grupo parlamentario e incluso presidía una comisión. Todo aquello que emprendía parecía tener éxito. Hasta que acudió a mí en busca de asesoramiento, yo solo sabía de él lo que decía los medios de comunicación: era una historia de éxito.

Entonces supe cómo se sentía realmente. Pensaba que era un fracasado porque solo era un político regional, sin voz ni voto en el gobierno federal. Solo era diputado, pero no primer ministro. Solo cobraba sus dietas parlamentarias, pero no el sueldo de un alto directivo.

Objetivamente, había tenido mucho éxito. Sin embargo, su propio pensamiento le tachaba de fracasado. Durante la terapia descubrió que sus padres le habían impulsado a rendir al máximo. Siempre le comparaban con otros que estaban muy por delante de él:

- «Podrías haber sacado más de un 9,5 en el examen. Heiko, el vecino, ha sacado un 10. Solo porque estudia más que tú».
- «¿Oíste cómo tocaba Marie el piano en la fiesta del colegio? Tienes que practicar más».
- «Tu inglés aún podría mejorar. ¿Por qué no lees libros infantiles en inglés como tu hermano?».

Había logrado unos resultados académicos excelentes, pero él tenía la sensación de que «aún podía mejorar». Nunca era capaz de cumplir las expectativas; siempre se sentía menospreciado por las comparaciones. La intención de sus padres era buena: querían estimularle. Sin embargo, la sensación de ser peor que los demás le acompañó hasta la edad adulta.

- Cuando pronunció un discurso que fue vitoreado por todo su grupo parlamentario, una voz en su cabeza le dijo: «Solo aplauden por educación, ¡les has aburrido! El presidente del grupo miró el móvil dos veces durante tu discurso».
- Si se pasaba diez horas hablando con la gente en un puesto electoral, por la noche escuchaba en su cabeza al irse a la cama: «¡Tu rival siempre está dos horas más en la calle!».
- Y cuando su mujer le felicitó por lo lejos que había llegado en política, por su cabeza se le pasó: «No eres más que un insignificante político regional. ¡La élite de tu partido está en Berlín!».

No obstante, él no era consciente de este proceso. Cuando escuchaba su voz crítica interior, él no pensaba: «Ajá, ahí está Mauli hablando de nuevo. Voy a ver qué parte de lo que dice es verdad y qué es parte es exageración». No, él aceptaba estos susurros como una realidad. En su cabeza se estaba desarrollando un juicio interno, y como solo se permitía hablar a la acusación, pero no a la defensa, perdía siempre y se declaraba culpable.

¿Hasta qué punto estás en contacto con tu interior? ¿Te das cuenta de lo que susurra tu cabeza? ¿Reconoces tus viejos patrones de pensamiento de la infancia? Esto es muy importante porque cada pensamiento crea un sentimiento, y estos sentimientos, a su vez, determinan tus acciones. Tanto los sentimientos como las acciones determinan la calidad de tu vida.

¿Tu cerebro te engaña?

¿Por qué el político no se dio cuenta de que estaba llevando sus expectativas demasiado lejos? ¿Por qué la jefa de proyecto ignoró sus propias necesidades?

¿Qué es lo que te lleva a soportar cosas que no te gustan? ¿Por qué se te escapa un «sí» cuando en realidad quieres decir «no»? En muchos casos, se enciende la luz de alarma, pero no te das cuenta. ¿Por qué? Debido a mecanismos de defensa psicológicos, como descubrió Anna Freud, la hija del gran psicoanalista[42]. Hay una autoridad interior que se encarga de que pases por alto miedos y preocupaciones y consideres que tu propio comportamiento es correcto, aunque te perjudique. Es un comportamiento infantil. Creas el mundo como te gusta para ahorrarte un conflicto, una decisión incómoda, o un duro golpe con la realidad. El miedo consciente es un importante correctivo que nos permite evaluar correctamente una situación»[43]. Si conoces los mecanismos de defensa psicológicos, llegarás al fondo de ellos y podrás controlar mejor tu comportamiento en el futuro. Un ejemplo concreto te ayudará a comprender estos mecanismos: imagina que te invitan a una fiesta organizada por tu jefe, pero no te apetece ir. Estás agotado y necesitas relajarte. Además, tienes una cita importante. Sin embargo, aceptas ir. Y esto puede deberse a los siguientes mecanismos de defensa:

- **Racionalización**

  Cubres la luz de advertencia de tus sentimientos con los argumentos de la razón hasta que ya no puedes ver su brillo.

  Por ejemplo, te dices a ti mismo: «Es una gran oportunidad para mi carrera. Bajo ningún concepto debo ofender a mi jefe rechazando su invitación y poniéndole en mi contra. Si asisto a la fiesta, puedo ganar puntos a sus ojos y ampliar mi red de contactos. Todos los argumentos están a favor de que vaya».

  Conclusión: pintas una acción que no te gusta con los colores de la lógica, como si no hubiera alternativa. Trivializas tus sentimientos, lo que los hace tan peligrosos como un fuego latente. Este tipo de comportamiento puede llevar al agotamiento o a la depresión a largo plazo.

  La esclavitud emocional consiste no solo en sentirse abrumado por los propios sentimientos, sino también en reprimirlos y filtrarlos[44].

- **Desplazamiento**
Empujas tu deseo de evitar la fiesta bajo la superficie de tu conciencia. Esto supone que tu necesidad desaparece de escena por el momento. Sin embargo, a la larga acaba saliendo a la superficie, y a menudo lo hace de forma inesperada.
Por ejemplo, la noche antes de la fiesta, sueñas que allí montas un escándalo, como empujar a tu jefe a la piscina. (Te permites hacer en sueños lo que te niegas a hacer en la realidad: rechazar a tu jefe). O te asalta un fuerte dolor de cabeza justo antes de la fiesta. (Tu inconsciente intenta tirar del freno físico de emergencia para impedirte asistir a la fiesta). O quieres decirle a alguien que estás «deseando» que llegue la fiesta, pero accidentalmente utilizas la palabra *temiendo*. (Tus sentimientos reprimidos vuelven a entrar en escena por un lapsus freudiano).
Conclusión: Los sentimientos y los pensamientos que no permites se rebelan; buscan otras formas secretas de influir en ti.

- **Proyección**
Transfieres tus propios sentimientos a otra persona. Por ejemplo, le atribuyes deseos que son tuyos, características que no te gustan de ti mismo o necesidades que no reconoces en ti.
En el caso de la fiesta, como eres una persona muy empática, podrías pensar: «Mi jefe se va a sentir increíblemente decepcionado si no voy a la fiesta. Le va a dar muchas vueltas a qué puede ser lo que me ha impedido ir. Si no me cae bien, o si estoy descontento con mi trabajo… Quizá le eche a perder la velada. Y como no quiero hacer ninguna de las dos cosas, ni agobiarle ni perjudicar mi carrera, por supuesto que voy».
Pero, ¿y si tu jefe apenas se da cuenta de tu ausencia en la fiesta? ¿Y si tu ausencia no le importara? ¿Y si estuviera dispuesto a aceptar tus disculpas por adelantado sin vacilar?
Conclusión: El juicio crítico de tu propio comportamiento no tiene nada que ver con tu jefe, sino mucho contigo mismo y con tu voz crítica interior.

- **Identificación**
  Relegas tu propia personalidad a un segundo plano, como si careciera de importancia, para identificarte con algo más grande: una persona, una institución, una causa. Esto te da una mayor autoestima.
  Por ejemplo, un compañero de mucho éxito dice: «Considero un honor formar parte del pequeño círculo de empleados a los que el jefe invita en privado. Nunca dejaría pasar esta oportunidad». Mientras te planteas no ir a la fiesta, te vienen a la mente estas palabras. Y de repente te das cuenta: sería una locura dejar pasar esta oportunidad. Tu compañero tiene toda la razón, tienes que ir.
  Conclusión: Borras tus propias necesidades y llenas el vacío con la opinión de tu compañero. Al final, crees que estás decidiendo por ti mismo, pero en realidad solo estás reflejando los pensamientos de otras personas.
- **Negación**
  Evitas enfrentarte a algo desagradable negando que esté ahí, como un niño que cierra los ojos cuando juega al escondite y se siente seguro. Ahora nadie puede verme.
  Por ejemplo, un amigo te recomienda que pases una noche relajada en vez de salir de fiesta: «Últimamente siempre pareces agotado. Nunca sales antes de las 6 de la tarde. Me preocupa que te estés extralimitando». Pero tú lo rechazas todo. ¿Agotado? «¡Solo es fatiga de principios de semestre!» ¿Que nunca termino de trabajar antes de las 6 de la tarde? «Eso es engañoso, siempre pillo tráfico después del trabajo». ¿Preocupado por si te estás excediendo? «Totalmente injustificado».
  Conclusión: No estás mintiendo a tu amigo, sino a ti mismo. Estás negando los hechos para evitar consecuencias desagradables.
- **Aplazamiento**
  Sientes una emoción fuerte, pero no la liberas donde se originó, sino en otro lugar[45].

Por ejemplo, te disgusta que tu jefe te exija cosas después del trabajo, pero como eres una buena persona, no se lo demuestras directamente, ya que podría pensar mal de ti o tomar represalias empleando su propia agresividad.
En cambio, a tu pareja, que quiere invitarte a cenar una noche, la sorprendes con una reacción inapropiadamente agresiva: «¿No podemos dejarlo hoy y no ir ninguna lado? No dejas de hacer planes».
Conclusión: Tu deseo reprimido de cancelar la fiesta aflora aquí, en un lugar supuestamente menos peligroso. En realidad, no va dirigido a tu pareja, sino a tu jefe.

Lo decisivo no es la realidad, sino la imagen que uno se hace de ella. En la Terapia de Aceptación y Compromiso (ACT, según sus siglas en inglés), que promueve la aceptación de los pensamientos dolorosos, se habla de «fusión». La historia que te cuentas a ti mismo ya no puede separarse de los hechos[46].

Piénsalo, ¿cuál de estos mecanismos es de defensa? ¿Cuál de estas excusas es más probable que hubieras utilizado? ¿En qué otras situaciones entran en juego? ¿Qué pequeñas señales te indican que estás dando la espalda a tus sentimientos y actuando de forma incoherente?

Suponiendo que reconocieras a tiempo el mecanismo de defensa y te lo plantearas, ¿en qué medida podría mejorar tus decisiones y hacer más coherentes tus acciones?

¿Hasta qué punto es estable tu confianza en ti mismo?

Es típico de las personas amables no exigir aquello a lo que tienen derecho. Cuando se les pregunta por qué no lo hacen, a menudo lo justifican de la siguiente manera:

- «Creo que la amabilidad es muy importante a la hora de tratar con la gente».

- «Siempre evito los conflictos que no merecen la pena».
- «No siempre tengo que empeñarme en lo que yo quiera, también puedo ser inteligente y ceder algunas veces».

La razón más profunda es una grieta en la confianza en uno mismo. Las personas amables evitan aquello que les asusta:

- Quien exige se arriesga a ser rechazado. Si retrocedes, evitas ese riesgo.
- Quien rechaza los deseos de otro se arriesga a que le retiren el afecto. Al ceder, se evita este riesgo.
- Los que alaban su propio rendimiento se arriesgan a tener grandes expectativas. Al relativizar tus éxitos, evitas este riesgo.

Una grieta en la confianza en uno mismo. Con este problema, las personas amables se encuentran en una compañía sorprendente: la de aquellas personas que hacen *hincapié* en su confianza en sí mismas. ¿Por qué alguien enfatiza la confianza en sí mismo? Porque tiene miedo de pasar desapercibido. Los que enfatizan su confianza en sí mismos son personas echadas hacia adelante:

- Exigen las cosas en un tono imperativo porque temen que una petición pueda hacerles parecer débiles y ser rechazados.
- Rechazan las peticiones con brusquedad porque temen ser derrotados en una discusión objetiva.
- Elogian su propio rendimiento hasta el infinito porque quieren evitar las críticas e influir positivamente en los demás.

Hay algo que tienen en común las personas amables y las que tienen una gran confianza en sí mismas. Ambas quieren «demostrar» su valía. Quien necesita aportar pruebas se siente acusado. Sin testigos que testifiquen a su favor, se sienten perdidos. Eso les hace dependientes.

La persona amable se comporta socialmente, se retrae o se desvive para que los demás la reconozcan. Por el contrario, la persona supuestamente segura de sí misma se da aires de grandeza y se convierte en el centro de atención. Necesita la admiración de los demás.

Ambos intentos están abocados al fracaso, porque una persona nunca podrá ver su autoestima confirmada por los demás mientras no se la crea ella misma. He aquí algunos ejemplos:

- Karin, una amable oficinista, duda de sus capacidades profesionales, aunque hace muchas cosas para su jefe y sus compañeros. Cuando la elogian, dice: «¡Oh, no ha sido nada!». O bien: «Cualquiera podría haberlo hecho».
- Max cuida amorosamente de su madre, que necesita atención, hasta que esta fallece. A cambio, aparca su carrera. Sin embargo, cuando su familia se lo agradece, él dice: «Me culpo por no haber podido pasar más tiempo con ella».
- Jule siempre saca tiempo para sus dos hijos y estudia con ellos antes de cada examen. Cuando su hijo saca un suspenso en matemáticas, le asegura a su madre que no es culpa suya. No obstante, ella asume toda la culpa. «¡Tendría que haber practicado más con él!».

Si te acusas a ti mismo de cometer un error, ¿de qué te sirve que todo el mundo diga lo contrario? Probablemente pensarás: «¡Los demás solo intentan consolarme!». O tal vez: «Nadie entiende esto desde fuera». En cualquier caso, consigues que tus dudas pesen más que el reconocimiento de los demás.

Esta grieta en la confianza en uno mismo se produce cuando alguien *no* es capaz de decirse a sí mismo: «¡Soy una persona valiosa porque existo!», en lugar de «Soy una persona valiosa porque hago esto y aquello». En el primer caso, tiene valor por sí misma, en el segundo solo tiene valor en función de su rendimiento, igual que un empleado al que se remunera por su rendimiento. Si un empleado deja de rendir, ya no vale nada. Y será despedido.

Los que piensan mal de sí mismos acaban convirtiéndose en mendigos. Dependen del afecto de los demás y quieren «ganárselo» como si fuera un sueldo. Y del mismo modo que un empleado tiene que cumplir un perfil laboral predeterminado, cumplen las expectativas predeterminadas de los demás. Hacen lo que los demás quieren y reprimen lo que ellos mismos desean.

Sin embargo, ese «valor por sí mismos» es como la cotización en bolsa: a veces sube, a veces cae en picado; el desplome emocional es inevitable. Por un lado, te expones a valoraciones externas. ¿Quién puede garantizar que tus buenos resultados no sean considerados «insuficientes» solo porque alguien tenga unas expectativas exageradamente altas o piense mal de ti?

Además, tu rendimiento fluctúa: unas veces brillas y lo haces todo bien, y otras no estás tan acertado y los resultados son modestos. No hay que esperar que la gente te aplauda todo el tiempo; siempre puede haber abucheos.

El juicio más importante no viene de fuera: es el que haces sobre ti mismo. Tu autoestima solo depende de esto. ¿Te aceptas? ¿Te gustas? ¿Eres amigo tuyo? ¿Incluso te quieres? Un alto nivel de autoaceptación te hace independiente de los juicios externos y te ayuda a mantener tu amabilidad a niveles razonables. Ahora bien, el camino hacia esta independencia mental está plagado de obstáculos, la mayoría de los cuales proceden de la infancia.

Por qué sigues siendo un niño

¿Puede acaso un bebé permitirse *no* llorar cuando tiene hambre, por ejemplo, por consideración a sus padres que duermen? No, simplemente llora para saciar su apetito. Se cree el centro del mundo. Este egocentrismo garantiza la supervivencia del bebé. Sigmund Freud habla de «narcisismo primario»[47].

Cada uno de nosotros nació con la confianza de que sí podemos gritar nuestras necesidades, y de que estas son importantes y deben ser satisfechas. No hay en ello falsa modestia, ni autocensura, ni fachadas.

Sin embargo, cualquiera que siga gritando sus necesidades de adulto ha caído en el «narcisismo secundario». Se trata de personas que ven el mundo como un lugar cuya principal tarea es la de satisfacer sus necesidades. Todos conocemos a personas así. Son ególatras patológicos.

Las personas amables luchan con el problema contrario. Siguen el paso lógico de dejar de considerarse el centro del mundo con otro ilógico: creen que las personas que les rodean son más importantes que ellas mismas. Ya no se dejan servir, sino que sirven a los demás y, al hacerlo, pueden caer rápidamente en un estatus bajo, el de siervo[48]. ¿Qué papel desempeña la socialización en todo esto? A los bebés se les quiere por el mero hecho de estar en el mundo; el amor no tiene precio. Esto cambia cuando el niño crece un poco. Ahora se siente querido cuando hace lo que quieren sus padres.

Un niño pequeño cree todo lo que dicen sus padres. Si los padres señalan el plato y dicen: «Eso son gachas», entonces, son gachas. Si los padres señalan el brillante cielo de verano y dicen: «Es azul», entonces, es azul. El niño percibe el mundo a través de sus padres, etiquetándolo con sus conceptos. ¿Cómo van a cuestionarlo?[49]

Lo mismo ocurre con los juicios morales. Si los padres califican un comportamiento de «bueno», es que es bueno; y si lo describen como «malo», entonces, es malo. Los padres son la ley, un niño les cree incondicionalmente.

Sobre todo, porque la racionalidad no es muy pronunciada en los niños. Para contener sus miedos, se refugian en el pensamiento mágico. Suponen que pueden controlar el mundo y minimizar los peligros con su comportamiento. De niño, por ejemplo, yo siempre tenía miedo cuando tenía que bajar a nuestro oscuro sótano donde guardábamos las patatas. Así que me decía a mí mismo: Si *no* pisas uno de cada dos escalones de la escalera, el fantasma del sótano te dejará en paz. Y como no me pasaba nada, cada vez tenía más confianza en ello. ¡Funciona!

Este «pensamiento mágico» es típico en los niños y niñas hasta los siete u ocho años[50]. Y del mismo modo que un niño cree que solo saltándose un escalón mantendrá alejado al fantasma, también cree que puede detener la ira de sus padres sonriendo, diciendo que sí y reprimiendo sus propios deseos. Una vez que este comportamiento ha funcionado, el niño lo repite una y otra vez, igual que yo hacía mi ritual en el sótano.

Al niño se le escapa que el amor de los padres *no* depende (solo) de su buen comportamiento. Memorizan aquello que agrada a sus padres, y lo sienten como un seguro de vida.

Los niños también perciben lo que les disgusta a los padres, y lo sienten como un peligro mortal. Así que lo hace menos. ¡No hagas enfadar a los padres!

Por ejemplo, cuando el niño pequeño está llorando, la madre le dice: «¡No hagas tanto ruido!». Tras unos cuantos recordatorios más, el niño reprime su llanto. La madre ya no tiene que decirlo tan a menudo. La frase «¡No hagas tanto ruido!» está ya almacenada en la cabeza del niño. En ese momento nace la voz crítica interior.

Durante la infancia temprana, «Mauli» es una amiga estricta pero buena; nos protege cuando exploramos el mundo. «¡Ten cuidado!», nos dice cuando saltamos de repente hacia la carretera. «No te sobreestimes», nos dice cuando queremos saltar una zanja ancha y profunda. Y: «Cuidado con el camino», cuando estamos a punto de tropezar con un bordillo. Mauli mata dos pájaros de un tiro: protege al niño y hace felices a los padres.

No obstante, a lo largo de la infancia nos bombardean con una lluvia de negatividad que va mucho más allá de las frases protectoras. Según un estudio británico, un niño oye cuatrocientos cuarenta y nueve mensajes al día, de los cuales solo treinta y siete son positivos[51]. Para cuando un niño es elogiado una vez, puede haber sido criticado nueve veces. Es un flujo continuo:

- «¡Ahora, no!».
- «¡Por favor, no hagas eso!».
- «¡No seas siempre tan impaciente!».
- «¡Piensa antes de decir nada!».

- «¡No seas maleducado!».
- «¡Alto ahí!».
- «¿Nunca aprendes?».
- «¿Cómo ha podido pasar esto?».

Y como la crianza es un trabajo a tiempo completo y sin vacaciones, a veces puede ponerte de los nervios. Hasta a los padres más bienintencionados en ocasiones se les escapan frases como:

- «¡Estás un poco loco!».
- «¿Cómo eres tan tonto?».
- «¡No seas travieso, para!».
- «¡Te falta un tornillo!».
- «¡Me estás poniendo de los nervios!».
- «Pero qué torpe eres!».

Al niño se le equipara con su comportamiento. Como hace cosas estúpidas, *es* estúpido. Dado que actúa maliciosamente, *es* travieso. Como se le caen las cosas, *es* torpe. El niño se queda con la idea de que no comete errores, sino que él *mismo* es el error.

Y esto se ve constantemente confirmado por sus fracasos cotidianos. Cuando se supone que no debe mojar los pantalones, pero lo hace; cuando se supone que debe estar tranquilo, pero vuelve a enfurecerse; cuando se supone que debe sacar buenas notas, pero trae malas a casa. Cuanto mayor se hace el niño, menos confía en sus propios sentimientos y necesidades. Aunque sus sensaciones en la mesa le dicen que está lleno, sus padres le dicen: «¡Termina tu plato!». Así que come. Después del colegio, tiene la necesidad de ir a corretear, pero sus padres le dicen: «¡Siéntate como es debido y aprende!». Así que lo aprende. Esto aleja al niño de sus sentimientos y necesidades físicas:

- No come cuando tiene hambre, sino cuando hay comida (porque una voz en su cabeza le grita: «¡La comida se come en la mesa!»).
- No van al baño cuando tiene que ir, sino cuando es conveniente («¡No se puede ir al baño todo el tiempo durante las clases!»).

- Y no duerme cuando se cansa, sino solo por la noche («¡Los que duermen por el día son unos vagos!»).

Sin embargo, no solo las necesidades físicas, sino también las psicológicas, pasan cada vez más a un segundo plano a lo largo de la socialización:

- El niño quiere miradas de admiración, pero se niega a llamar la atención («¡No seas el centro de atención!»).
- Quiere más tiempo para sí mismo, pero es incapaz de abandonar la comunidad («¡No seas bicho raro!»).
- Tendría ganas de chillar de rabia, pero pone buena cara («Un indio no conoce el dolor»).

El bebé no ocultaba sus deseos, vivía según el lema «Soy lo que quiero». Sin embargo, la socialización puede enturbiar por completo las aguas de esta voluntad pura. «Soy lo que los demás quieren que sea». Esta impronta de la infancia influye en el resto la vida[52], y cuanto más amable es una persona, más puede depender del juicio de los demás.

Un copo de nieve en la chaqueta

El día iba sobre ruedas para Jan-Peter Siemer (36) hasta que le ocurrió un percance que lo ensombreció todo. Había participado como ponente en una conferencia y había recibido un aplauso atronador. Cuando bajó del estrado, el público literalmente tiró de él para pedirle consejo personal. Durante el aperitivo, el director de recursos humanos de una gran empresa se interesó por su currículum. Siemer estaba entusiasmado porque tenía la sensación de que una interesante oferta de trabajo podía estar en el horizonte.

Lo que sucedió a continuación, me lo describió en la sesión de asesoramiento:

—Estaba respondiendo a una pregunta del director de recursos humanos, cuando una gota de saliva blanca y espumosa salió volando de mi boca describiendo un arco elevado y acabó aterrizando en su chaqueta negra, junto al bolsillo del pecho, donde destacaba como un copo de nieve de color blanco. Todas las miradas de la mesa, incluidas las del director de recursos humanos, se centraron en ella. Habría querido que me tragase la tierra. Quería disculparme, pero no tenía palabras. Me quedé allí, impotente. Los demás siguieron hablando. Uno o dos minutos después, me escabullí de la mesa. Me sentí totalmente avergonzado.

¿En qué situaciones te derrumbas emocionalmente? ¿Cuándo se torna tu alegría en frustración? ¿Cuándo te resignas en lugar de luchar? ¿Cuándo te callas en vez de decir lo que piensas? En resumen: ¿Cuándo vuelves a caer en la impotencia infantil? ¿Qué desencadenantes lo provocan?

Le pregunté a Jan-Peter Siemer:

—¿Qué pensaste cuando le mojaste?

—Me enfadé muchísimo conmigo mismo y pensé: «¡No tienes remedio! ¿Cómo puedes ser tan estúpido? Ahora has quedado completamente en evidencia».

—Supongamos que la situación hubiera sido al revés; que el pequeño percance le hubiera ocurrido al responsable de recursos humanos. ¿Qué habrías pensado de él?

Siemer me miró con los ojos muy abiertos.

—No me habría importado en absoluto. Me alegró que se tomara la molestia de hablar conmigo.

—El mismo comportamiento que no te habría molestado en otra persona te parecía un desastre. ¿Cómo explicas eso?

—Bueno, yo solo quería causar una buena impresión. Y entonces pasó exactamente lo contrario.

—Pero, ¿por qué necesitabas causar una «buena impresión»? Acababas de brillar en el estrado y él se te acercó. Quería algo de ti, no al revés.

Siemer reflexionó.

—Eso es cierto. No obstante, me pareció un honor que se acercara a mí.

—Supongamos que un buen amigo te contara exactamente la misma historia: que dio una brillante conferencia, que después se le acercó un jefe de personal, que tuvieron un percance… y que luego huyó avergonzado. ¿Qué le dirías?

—Que no tenía motivos para huir. Que le puede pasar a cualquiera.

—¡Esto se pone cada vez más interesante! Para todos los demás, el húmedo proyectil no más que un asunto trivial, ¡pero no para ti! ¿Te das cuenta de lo ilógico que resulta?

—Sí, sí… en teoría, sí. Pero yo lo sigo viendo como algo totalmente vergonzoso.

Le pregunté si de niño tenía a menudo la impresión de haberse avergonzado de sí mismo hasta la saciedad. Me lo confirmó con entusiasmo. Su estricta madre, en particular, se lo había inculcado durante toda su infancia: «¡No nos avergüences!». Este lema le acompañó durante toda su vida. Se había convertido en una persona amable que hacía todo lo posible por cumplir las expectativas de los demás. Su estado de ánimo dependía de lo bien que lo consiguiera. Aplicaba normas estrictas. Lo que los demás consideraban bueno, él lo consideraba insuficiente.

Por ejemplo, le había comprado a su pareja una pulsera por su cumpleaños. Ella se la probó frente al espejo y se quedó callada un momento. Él observó la escena y dijo: «No te queda bien, ¿verdad? Lo sabía desde el principio; debería haber escogido la otra».

Su novia siguió mirándose en el espejo: «En realidad, creo que me queda bastante bien». «Puedes ser sincera», repuso él. «Me doy cuenta de que no estás contenta con ella. He cometido un error, la cambiaré».

Al final, la novia cedió y el regalo quedó descartado.

¿Te das cuenta de dónde están los problemas de Jan-Peter Siemer? No en el mundo exterior, pues el percance del salivazo era perdonable y la pulsera para su novia bienvenida. Sin embargo, su voz crítica interior le exigía lo que la realidad no: perfección. Así que el más mínimo error le parecía una catástrofe. Y la más pequeña vacilación por parte de su novia era percibida como un rechazo del regalo. Como no estaba en paz consigo mismo, proyectaba esta visión crítica en los demás. En varias sesiones, repasamos los mensajes de su infancia. Entre otras cosas, elaboró una lista de frases que había oído a menudo durante su infancia (véase la página 107), entre ellas «No nos avergüences»:

- «¡No te pongas en evidencia!».
- «¡No puedes permitirte cometer errores!».
- «¡No vayas como un elefante en una cacharrería!».
- «¡No metas la pata!».
- «¡Si te equivocas una vez, ya nunca te creerán!».
- «¡No hagas el ridículo!».
- «¡Ten cuidado con lo que dices, si no pensarán que eres un bicho raro!».
- «¡Asegúrate de que podamos estar orgullosos de ti!».

Todas estas creencias alimentaron su ansiedad social. El miedo a infringir una norma le acompañó toda su vida. Sopesaba cada palabra que decía. Se fijaba en lo que hacían los demás antes de actuar. Y la confianza en sí mismo se derrumbaba si se le escapaba una palabra involuntaria, o incluso una gota de saliva. Imaginaba críticas mordaces de los demás sin que nadie dijera una palabra.

¿Cómo podía reforzar su autoestima? Le sugerí que tuviera una voz defensora interior para hacer frente a su Mauli. Cuando le pregunté si había alguien en su entorno que encajara en ese papel, se le ocurrió su tía Luise: «Es maravillosamente poco convencional. Siempre va a lo suyo y apenas deja que los demás se entrometan».

Así que llamó a su defensora interior «Luise». Ahora debía practicar para que Luise reaccionara a los ataques de Mauli. Le pedí que se imaginara el diálogo que íbamos a mantener como un duelo interior en su cabeza.

Coloqué dos sillas en la habitación, una frente a la otra. Él se sentó en la silla «Luise» y yo en la silla «Mauli». E inmediatamente le ataqué:

—¡Qué has hecho! ¡Le has escupido en la chaqueta! Eso es del todo inaceptable.

Tardó un momento en familiarizarse con el papel de Luise. Luego respondió:

—¿Por qué te alteras tanto? No ha pasado nada.

—¿Qué no ha pasado nada? Te has puesto en evidencia.

Buscó las palabras antes de decir:

—Yo no lo veo así. Una lengua húmeda es humana. Seguro que a los demás también les ha pasado alguna vez, todos lo entenderán.

—¡Estás ridiculizando tu fracaso! Admite que has arruinado tu reputación.

—¡Al contrario! Acabo de dar una conferencia con éxito. Y soy el hombre más solicitado de la sala.

—¡Sabes muy bien que titubeaste dos veces durante tu presentación! ¡Y quién sabe cuántas veces escupiste en el escenario sin darte cuenta! Quizá la gente aplaudía por lástima.

Respiró profundamente dos veces. Percibí que este ataque le había afectado. Luego dijo:

—Aunque haya escupido en el escenario, soy una persona valiosa. Incluso sería una persona valiosa si no se hubiera dicho una palabra.

—¡Deja de soñar, acabas de hacer el ridículo! Si sigues así, un día estarás en la calle sin trabajo.

Entonces le vi sonreír antes de responder:

—Aunque me quede en paro, sigo siendo una persona valiosa.

Como Mauli, hice algunos intentos más de ponerle en apuros, pero ya no tuve éxito. Había conseguido distanciarse de las voces de su infancia, dándose una autoestima que ya no dependía del (supuesto) juicio de los demás.

Después de nuestro juego de papeles, se sorprendió de lo bien que le había respondido a Mauli. Durante las semanas siguientes, prestó mucha atención a los momentos en que su estado de ánimo decaía. Entonces decía para sus adentros: «Bienvenida, Mauli, soy Luise. Sé que acabas de entrar en la cabeza de Jan-Peter. Habla para que pueda responderte». Este fue el comienzo de las discusiones interiores, de las que incluso llegó a disfrutar con el tiempo. El miedo social de su infancia le buscaba, pero ya no podía controlarlo.

¿En qué situaciones necesitarías una voz interior que te defendiera? ¿Qué reproches sueles hacerte con más frecuencia? ¿Quién podría ser tu defensor interior? ¿Hay alguna persona adecuada para este papel? ¿Cómo se llama? ¿Sería un buen nombre para tu voz defensora interior? ¿Y cómo respondería a tus típicos autorreproches? Representa algunos diálogos. Prueba el método la próxima vez que una voz de tu infancia te interrumpa.

¿Debo convertirme en un egoísta?

¿Qué ocurre cuando sitúas tus propias necesidades en el centro? ¿Y cuando te preguntas qué es bueno para ti antes de ocuparte de los demás? ¿O cuando muestras tu mal humor en lugar de proteger a los demás de él? ¿Qué ocurre cuando diriges tu vida en la dirección deseada en lugar de ceder siempre?

Entonces, Mauli te sisea al oído: «Te has convertido en lo que nunca quisiste ser: ¡un egoísta sin escrúpulos!». Protesto, señoría:

- Puedes defender tus intereses sin ser un egoísta.
- Puedes tomarte en serio sin ser un egoísta.
- Y puedes mostrar tus sentimientos sin ser un egoísta.

Si vives lo que sientes, eso demuestra madurez. A cualquier amigo le concederías esa autenticidad. Es solo tu propia alarma egoísta la que suena en tu cabeza. ¿Por qué lo hace? Por un lado, por el contraste: si vienes de la oscuridad, te sientes cegado por el sol. Las personas excesivamente amables se sienten egoístas cuando defienden sus necesidades. No obstante, igual que el ojo se acostumbra a la luz, tú te acostumbrarás a priorizar tus necesidades. Date un tiempo para ello.

Por otro lado, Mauli se rebela. Toda la vida te han pedido que complazcas solo a los demás. Ahora ve tu pellejo en peligro porque te defiendes, y quiere manipularte para que vuelvas al viejo rumbo acusándote de egoísmo. No le hagas caso. Si eres una buena persona y crees que estás siendo demasiado duro, solo estás siendo lo suficientemente claro. Digamos que rechazas la petición de un amigo porque no te conviene en ese momento: En ese momento, puede parecerte egoísta (al fin y al cabo, siempre has dicho que sí en situaciones similares), pero, objetivamente hablando, solo has dado una respuesta sincera.

Si eres abierto y honesto y estás en paz contigo mismo, enriquecerás a la otra persona. Solo puedes dar lo que tú mismo tienes. No puedes hacer regalos con los bolsillos vacíos. Pregúntate a ti mismo:

- ¿Cómo puedes amar a otra persona si no te amas a ti mismo? ¡Solo puedes dar lo que tienes!
- ¿Cómo puedes servir a otra persona si no te sirves a ti mismo? ¡Solo puedes dar lo que tienes!
- ¿Cómo puedes ser amable con otra persona si no eres amable contigo mismo? Solo puedes dar lo que tienes.

Si no consigues extraer estos sentimientos de ti mismo, estás viviendo emocionalmente a crédito. Entonces haces cosas que no quieres hacer y permites que se aprovechen de ti. Y esto solo para recibir de los demás el reconocimiento que te debes a ti mismo. Cuando no te gustas lo suficiente, necesitas el afecto de los demás, igual que una pierna rota necesita muletas. Aun así, caminar con muletas sigue siendo inestable.

Cuanto más te gustes a ti mismo, más sinceramente podrás gustar a los demás. De este modo, superarás tu dependencia infantil y encontrarás una sana madurez.

Mi prueba de amabilidad

TIRADO EN EL BAR

La situación: A las 10 de la noche, visito un bar del casco antiguo con un amigo; la terraza de la calle está aún medio llena. Sedientos, nos sentamos en la mesa más alejada para hablar sin ser molestados. Pero nadie nos sirve. La camarera se dirige a otras mesas y pasa deliberadamente de nosotros. Así durante quince minutos. A la tercera llamada, se acerca y sisea: «Ya no pueden sentarse aquí. Deben hacerlo junto al resto de clientes».

Nos sirve con frialdad en nuestro nuevo asiento. Antes de pagar, me pregunto: ¿ignoro su antipatía o me quejo? ¿Y la propina?

Ejercicio: ¿Cómo habrías reaccionado tú en mi lugar?

____

____

____

Mi reacción: Decido dar una respuesta indirecta a la camarera. Me dice: «Son 14,90 euros». Le respondo con condescendencia: «Pues que sean 15 hoy». La contracción de sus músculos faciales me indica que el mensaje ha calado.

Evaluación desde la perspectiva actual: Está bien que no le haya dado la propina habitual a la camarera. Pero, ¿por qué dar propina? ¿Y por qué un mensaje codificado en lugar de uno directo? Fui demasiado cobarde para afrontar el conflicto con ella. Hoy lo haría así: «Me gustaría contarle cómo nos hemos sentido con usted: Primero esperamos quince minutos sin que nos atendiera. Después, cuando le llamé por tercera vez, nos mandó a otra mesa con bastante brusquedad. Nos sentimos como si estuviéramos molestando. Pero somos clientes, y queremos ser tratados como tales».

Comentario: Describo observaciones y sentimientos en lugar de hacer acusaciones, y de ello se deriva un deseo. Me habría resultado más fácil expresar mi enfado. Además, la camarera así habría tenido la oportunidad de reflexionar sobre su comportamiento. Probablemente se habría disculpado.

La trampa de la amabilidad: Pensé que tal vez había tenido un día duro y probablemente estuviera estresada. No quería causarle problemas innecesarios. Me estaba tomando sus necesidades más en serio que las mías. Darle menos propina era una actitud cobarde; quería quejarme, pero con delicadeza. Eso socavaba mi autoridad en lugar de reforzarla.

Mi lección: La ira es tu amiga, aparece cuando se violan tus necesidades. Dile a la otra persona con palabras claras lo que necesitas: solo así lo conseguirás.

4

La cárcel de las creencias

En este capítulo aprenderás...

- por qué nada en la vida te frena tanto como tus propias convicciones,
- cómo descubrir tu sistema de navegación interno,
- cómo puedes reprogramar tu mente y conseguirlo todo,
- cómo una nadadora solo ganaba en los entrenamientos, hasta que abandonó sus viejas creencias y consiguió ganar en el Campeonato del Mundo y en los Juegos Olímpicos.

¿Prefieres arriesgarte a quemarte antes que decepcionar a alguien?

—Este proyecto va a acabar conmigo, nunca debí aceptarlo —se quejó el desarrollador de sistemas informáticos Jörn Wiggert (29).

—Entonces, ¿por qué dejaste que tu jefe te convenciera? —le pregunté.

—¿Tú qué crees? No puedo negarme y dejarle en la estacada.

—¿De verdad que no?

Jörn Wiggert entrecerró los ojos.

—Es mi jefe. Tiene derecho a encargarme proyectos. Me pagan por hacer este trabajo.

—¿Eso significa que no puedes decir que no, aunque te suponga un tremendo estrés? ¿O te lleve al *burn out*? ¿O te pida que hagas cosas ilegales?

Se lo pensó y luego dijo:

—Si me pidiera algo ilegal, por supuesto que lo rechazaría.

Pero, ¿y si es demasiado? ¿Preferirías caer en el *burn out* o arriesgarte a sufrir un infarto antes que rechazarle?

Se acarició la barbilla con el dedo índice.

—Eso tampoco. Si supiera con certeza que voy a sufrir *burn out*, entonces le... —vaciló, como si no pudiera decir el resto de la frase.

—¿Mandarías a paseo? —añadí.

Hizo una breve mueca, luego asintió.

Continué:

—¿De verdad se ofendería tu jefe si rechazas un proyecto para el que no te sientes capacitado?

—Seguro que no le hace gracia. Podría pensar que no soy de fiar o que soy un vago. Podría acabar en su lista negra.

—¿Cómo podría interpretar tu rechazo en el mejor de los casos?

Volvió a reflexionar un momento.

—Bueno, sabría que estoy trabajando al límite de mi capacidad y que, por tanto, no soy la persona más indicada para el proyecto.

Adopté una postura similar y asentí con la cabeza.

¿Te resulta familiar? ¿A veces cumples los deseos de los demás, aunque te perjudiquen? Entonces es posible que estés maniatado por diversas creencias. Se trata de creencias ancestrales que se han filtrado en las aguas subterráneas de tu pensamiento. Muchas de ellas están relacionadas con tu autoestima como, por ejemplo, «¡No soy importante!». Estas creencias te guían sin que te des cuenta. En lugar de escoger tú mismo tu propio camino, te dirige el piloto automático.

Por ejemplo, la creencia predominante de mi cliente era: «Tengo que hacer lo que los demás esperan de mí, de lo contrario les ofenderé».

Si actúas conforme a este lema, tu vida se convertirá en un compromiso viciado. Antes de decir algo, te preguntas: «¿Le gusta a todo el mundo?». Antes de hacer algo, te preguntas: «¿Está todo el mundo de acuerdo?». Y antes de defender tus propios intereses, te preguntas:

«¿Qué puedo hacer por los demás?» Tu individualidad da paso a una obediencia anticipada, y sacrificas tus deseos y necesidades en el altar de la conformidad.

¿Te ayuda este lema a llevar una vida plena? ¿Te hace feliz pensar así? ¿Es tu convicción realmente cierta?[53]. ¿O puede que te estés autolimitando y estés yendo por mal camino? Solo cuando reconoces una creencia puedes decidir: ¿La sigo? ¿O la tiro por la borda y voy en otra dirección? A veces está bien seguir un viejo conjunto de creencias:

- Si conscientemente das un paso atrás para evitar conflictos, es totalmente legítimo.
- Si sacrificas deliberadamente tu tarde libre para completar otro proyecto; no hay problema.
- Si decides conscientemente escuchar a una persona que se siente triste, aunque en realidad no tengas tiempo, no pasa nada.

Pero si haces todo esto sin quererlo realmente, con una frustración creciente, entonces tu sistema de creencias te está llevando por mal camino. Así, lo que haces es seguir un sistema de navegación que no te muestra tu destino actual, sino uno del pasado lejano.

Este pensamiento te guía sin ser consciente de ello

Cualquiera que emprenda un viaje debe comprobar primero hacia dónde le guía su sistema de navegación interno. ¿Cómo saber qué creencias secretas te guían? A continuación, describo tres posibilidades:

1. La idea de «siempre»

Presta atención a tu lenguaje. ¿Cuándo generalizas? ¿Cuándo piensas o dices palabras como «siempre», «constantemente», «nunca», «sin excepción», «todos», «nadie» o «nada»? No existe el siempre en la vida, cada situación es diferente, solo existe el siempre en tu cabeza. Estás forzando una realidad a través del molde de un conjunto de creencias.

Por ejemplo, piensas: «Cada vez que discrepo, me sale el tiro por la culata». Por eso te callas la boca e imaginas las malas consecuencias que tendría que mostraras tu oposición. Te lo estás imaginando. No sabes y ni siquiera compruebas lo que ocurriría en realidad.

Como has tenido una mala experiencia en el pasado, llegas a la conclusión de que ocurrirá lo mismo en el futuro. No obstante, ¿se te ocurriría sacar la siguiente conclusión a partir de tres domingos lluviosos? «Siempre llueve los domingos. Este año, el que viene y así hasta el fin de los tiempos». Una conclusión así sería ilógica.

Si has experimentado cómo una objeción tuya «te ha salido por la culata», esto es una crítica. Siempre hay que analizarlo. ¿En qué situaciones fue así? ¿Con qué personas? ¿Qué edad y madurez tenías en ese momento? ¿Y qué significa realmente que la objeción «fracasara»? ¿Qué consecuencias tuvo para ti?

Para poder cuestionar las creencias, primero tienes que descubrirlas. El siguiente ejercicio te ayudará a hacerlo. Completa las frases siguientes de la forma más espontánea posible:

- Cada vez que digo que no a los demás, me arriesgo...
- Siempre que hablo mucho de mí mismo, tiene el inconveniente de que...
- Por lo general, no quiero decepcionar a nadie, porque de lo contrario...
- Nunca es bueno ofender a alguien porque entonces corro el riesgo de...
- No quiero que nadie piense que yo...
- Como persona sociable, doy por sentado que...
- Una sonrisa siempre ayuda porque....

Estoy seguro de que todas las frases que acabas de formular suelen serte útiles en tu vida. Por ejemplo: «Una sonrisa siempre ayuda porque con ella gano simpatía». La frase en sí no es peligrosa, lo es la palabra «siempre», porque el mismo comportamiento que te ayuda en una situación, por ejemplo, al iniciar una conversación trivial, puede perjudicarte en otra como, por ejemplo, en una discusión seria.

2. La trampa del «debería»

¿Se te pasan a menudo por la cabeza frases que empiezan por «debería...» o «debo...»? ¿Hay una especie de autoridad dentro de ti que te dice que te comportes de una determinada manera? ¿Te obligas a hacer cosas que no quieres? A menudo hay creencias inconscientes detrás de esta compulsión interior, por ejemplo, el lema «Tengo que priorizar a los demás». Esta frase puede resultar útil cuando se trata de mostrar amabilidad en la vida cotidiana. Sin embargo, cuando compites con otros, este lema te frena. He aquí la experiencia de una joven nadadora profesional. La consideraban una nadadora con gran talento y hacía tiempos fantásticos en los entrenamientos. Sin embargo, en las grandes citas nunca era capaz de igualar su rendimiento. Sus competidoras siempre llegaban a meta por delante de ella. ¿Qué era exactamente lo que la frenaba?

La respuesta salió a la luz durante un ejercicio mental con su entrenador motivacional. Estando la nadadora en trance le preguntaron si realmente quería ganar sus competiciones. Entonces respondió: «No, porque no quiero ver perder a las demás». Por eso «dejaba pasar» a sus competidoras[54].

Solo cuando la nadadora se dio cuenta de esta convicción irracional consiguió liberarse en el sentido más estricto de la palabra. Se concedió a sí misma el derecho a superar a las demás nadadoras en las competiciones deportivas y demostrar todo su potencial. En ese momento, el bloqueo mental desapareció ante los ojos de la nación; se convirtió en una estrella mundial, ganó nueve títulos de campeona de Europa, se proclamó bicampeona del mundo y bicampeona olímpica. Estamos hablando de Britta Steffen.

¿Qué potencial sin explotar yace latente en tu interior? ¿Cuándo pones trabas a tu propio éxito? ¿En qué casos podrías vencer a tus rivales externos, pero estás siendo derrotado por un rival interno?

El caso de Britta Steffen lo deja muy claro: merece la pena echar un vistazo a las frases del tipo «debería» o «debo» que nos decimos a nosotros mismos. El siguiente ejercicio te ayudará a hacerlo. Responde espontáneamente a las siguientes preguntas:

- ¿Qué tienes que hacer para caerles bien a los demás?
- ¿Cómo deberías reaccionar si alguien te pide ayuda?
- ¿Qué es lo que nunca debes esperar que hagan los demás?
- ¿En qué situaciones y a qué personas no se les debe decir nunca que no?
- ¿Cuándo hay que poner buena cara?
- ¿Qué tienes que hacer para que tu jefe te reconozca y te ascienda?
- ¿Qué debes hacer para tener una buena relación con tus compañeros de trabajo?
- ¿Qué es absolutamente necesario evitar hacer en una relación?
- ¿Qué no se debe hacer nunca en una relación de amistad?

Lee tus respuestas espontáneas y pregúntate: ¿Es coherente? ¿Se aplica realmente a todas las situaciones? ¿O mi forma de pensar se ve restringida por un sistema de creencias? En caso de ser así, ¿cuál es? Supongamos que has escrito que para lograr el reconocimiento de tu jefe necesitas «ser diligente y esforzarte mucho». Entonces, es posible que detrás de eso exista la creencia de que «sin esfuerzo, no hay recompensa».

3. Los gritos de los educadores

Con la buena intención de convertirte en una «persona decente», durante toda tu infancia has recibido la influencia de tus padres y otros adultos, que te han confrontado con sus creencias, opiniones y sabiduría. Esta socialización deja profundas huellas en tu forma de pensar. Es como si estuviéramos encerrados en el ámbito de comportamientos pasados[55].

Por ejemplo, recuerdo al conductor de autobús Jacob Hübel (48), cuyo padre era como una enciclopedia andante de proverbios. Su padre conocía el refrán adecuado para cada situación de la vida de su hijo. Se basaba en la sabiduría popular y en sus propios pensamientos. He aquí algunos ejemplos que quizá conozcas:

1. «Los últimos serán los primeros».	
2. «Un indio no conoce el dolor».	
3. «La soberbia precede al fracaso».	
4. «La amabilidad abre muchas puertas».	
5. «Más vale pájaro en mano que ciento volando».	
6. «Una sonrisa te alegra el día más oscuro».	
7. «Sin esfuerzo, no hay recompensa».	
8. «Si apuntas demasiado alto, puedes caer muy bajo».	
9. «Quien mucho abarca, poco aprieta».	
10. «Primero el trabajo, luego el placer».	
11. «El verdadero sabio disfruta y guarda silencio».	
12. «La avaricia rompe el saco».	

Ahora te toca a ti. Puntúa las frases de la segunda columna con números del 1 al 12. Dale un 12 a la frase que más te guíe en la vida y un 1 a la que menos tenga que ver contigo. Una vez hayas terminado, continúa leyendo.

Veamos con más detenimiento las tres frases con las que más te identificas, las frases con los números 10, 11 y 12. Piensa cómo llegaste a cada convicción. Sitúate en tu infancia. ¿Quién de tu entorno expresaba o vivía conforme a una convicción similar?

10. Una postura similar fue adoptada por…
11. Una postura similar fue adoptada por…
12. Una postura similar fue adoptada por…

Cuando le pedí a Jacob Hübel que puntuara sus frases, le concedió doce puntos a la frase «La avaricia rompe el saco». Y en el siguiente lugar estaba «El orgullo precede al fracaso». Hübel había acudido a verme porque su jefe ya le había rechazado dos veces para un ascenso en el departamento de ventas interno. Sin embargo, era un excelente conductor de autobús que conocía la empresa como nadie y sabía expresarse.

Hasta entonces, había culpado de su fracaso a su superior. ¿Por qué no reconocía su idoneidad? Pero ahora se preguntaba: «¿Acaso es culpa mía?». Admitió que trabajaba principalmente entre bastidores en su empresa. Pasaba desapercibido en todos los actos públicos, como las reuniones de personal. Este comportamiento no le cualificaba precisamente para un puesto directivo.

Cuanto más pensaba en ello, más claro lo veía; temía secretamente que sus aspiraciones a un puesto directivo pusieran en peligro su trabajo actual (la avaricia rompe el saco). O que mejorase demasiado en el trabajo y luego se llevara un chasco (el orgullo precede al fracaso). Al parecer, quería ascender (igual que Britta Steffen quería ganar sus primeros campeonatos), pero en el fondo no quería.

Lo que crees en secreto tiene un efecto asombroso: determina lo que ocurre o deja de ocurrir en tu vida. Las creencias a menudo se hacen realidad sin que te des cuenta de la relación. Aquí tienes algunos ejemplos de mis sesiones de asesoramiento:

- Marion se guía por la creencia: «Si confías en los demás, te dejarán tirada». Y «por casualidad» sigue conociendo a hombres que tienden a tener aventuras o a dejarla.
- Uwe sigue la creencia: «Tengo que demostrarles a los demás que soy simpático; de lo contrario, pensarán que soy idiota». Y de hecho le ocurre una y otra vez que se aprovechan de él y piensan que es estúpido (aunque no lo sea).
- Carin se guía por el lema: «Las buenas personas son capaces de perdonarlo todo». Y, en efecto, atrae a amigos y conocidos que la confrontan con una imposición tras otra.

Toda creencia conlleva una realidad. Por ejemplo, como Carin piensa que tiene que perdonarlo todo, atrae a gente que la trata fatal, todo el mundo lo sabe: con ella puedes salirte con la tuya. Se trata de una interacción sistémica, como si a un joyero sin sistema de alarma le robaran una y otra vez. Los límites poco claros atraen a quienes los cruzan. Y quien cree que solo le cae bien a los demás porque les ayuda, atrae a personas que solo quieren aprovecharse de él.

Por favor, escribe qué refranes, creencias y convicciones escuchabas con más frecuencia en tu infancia. Por favor, asigna estas frases a una persona de referencia:

Padre: ________________________________

Madre: ________________________________

Abuelo: ________________________________

Abuela: ________________________________

Maestro/a de la escuela infantil: ________________

Profesor/a: ______________________________

Otras personas:

1.: ________________________________

2.: ________________________________

Y ahora pregúntate a ti mismo: ¿Cuál de estas frases te domina (secretamente)? ¿En qué situaciones se hace notar? ¿Qué es lo que va mejor o peor en tu vida?

La ITV más importante de tu vida

¿Emprenderías un largo viaje en un coche cuyos frenos no funcionan? Jamás en la vida. Los frenos tienen que funcionar, de lo contrario el viaje es demasiado peligroso.

No obstante, todos nosotros viajamos por la vida con creencias «disfuncionales». Es lo que la psicología denomina un pensamiento que socava nuestros objetivos. Nos subimos al coche de nuestra vida sin darnos cuenta de que algo no funciona correctamente. Solo cuando nuestras vidas empiezan a derrapar nos ponemos a reflexionar. ¿Por qué a mí, más que a nadie, me encomiendan las tareas más desagradables? ¿Por qué los demás me ignoran? ¿Por qué todo el mundo asume que tengo tiempo para ellos las veinticuatro horas del día? O, ¿por qué soy el campeón del mundo cuando entreno, pero no gano en las competiciones?

Los coches pasan periódicamente la ITV para comprobar que todo funciona correctamente. Deberías hacer lo mismo con tus pensamientos y comprobar qué creencias te ayudan a avanzar y cuáles te frenan. ¿Qué te hace derrapar en tu día a día? ¿Qué se interpone en tu camino? ¿Qué creencias obstaculizan tu felicidad y satisfacción?

Echa un vistazo a todas las creencias que han salido a la luz en los ejercicios anteriores. Anota las frases que aparecen a continuación. Y luego, reflexiona sobre ellas respondiendo a las seis preguntas siguientes (tres ejemplos):

Mi dogma personal

____

1. ¿Es eso realmente así?
   Mi respuesta:

2. ¿Se cumple siempre? ¿En todas las situaciones, en todos los momentos, en todos los estados de ánimo? ¿O hay excepciones?
   Mi respuesta:

3. ¿Hay personas que piensen o actúen de forma completamente diferente y tengan éxito gracias a ello?
   Mi respuesta:

4. ¿Qué argumentos hay en contra de este dogma?
   Mi respuesta:

5. ¿Qué creencia equivocada es (secretamente) la razón fundamental de mi forma de actuar?
   Mi respuesta:

6. ¿Qué sería más fácil o mejor en mi vida si abandonara este dogma?
   Mi respuesta:

Siguiendo este patrón, repasemos tres creencias que guían a muchas personas amables:

TENGO QUE AYUDAR EN LO QUE PUEDA

1. ¿Es eso realmente así?
   Es cierto si alguien está en grave peligro, por ejemplo, tras un accidente. En ese caso estoy obligado a prestar primeros auxilios según el artículo 323 código *penal* alemán. En todas las demás situaciones, la frase es errónea. Nadie me obliga a ayudar a los demás, y menos las veinticuatro horas del día. Puedo decidir por mí mismo en cada caso.

2. ¿Se cumple siempre? ¿En todas las situaciones, en todos los momentos, en todos los estados de ánimo? ¿O hay excepciones?
   En muchas situaciones, la frase es completamente incorrecta. En el trabajo, por ejemplo. No me pagan por ayudar a los demás, sino por hacer bien mi propio trabajo. Si dejo que mi trabajo decai-

ga porque ayudo demasiado a los demás, eso puede ser incluso motivo de despido.

3. ¿Hay personas que piensen o actúen de forma completamente diferente y tengan éxito gracias a ello?
La mayoría de las personas de éxito atienden primero sus propias necesidades antes de ayudar a los demás. Incluso los pedagogos con una amplia experiencia no se apresuran a ayudar a sus pupilos. En lugar de eso, les enseñan que cada uno solo puede aprender de su propia experiencia. Al ayudar a alguien para que no se caiga, le quito una oportunidad de aprendizaje y crecimiento.

4. ¿Qué argumentos hay en contra de este dogma?
Mis fuerzas son limitadas. Si ayudo las veinticuatro horas del día, pronto estaré tan agotado que no podré ayudar a nadie, y menos a mí mismo. Es más, mi comportamiento invita a los demás a ser perezosos o vagos. ¿Para qué van a esforzarse cuando el ángel salvador está a punto de llegar volando? También se me tacha de «eterno ayudante», como si no tuviera necesidades propias y, desde luego, ninguna pretensión de liderazgo.

5. ¿Qué creencia equivocada es (secretamente) la razón fundamental de mi forma de actuar?
En primer lugar, que soy una mala persona en cuanto no ayudo. Segundo, que gano prestigio estando siempre disponible. Tercero, que solo soy valioso a ojos de los demás si me ocupo de ellos, pero dejo de serlo en cuanto me preocupo de mí mismo.

6. ¿Qué sería más fácil o mejor en mi vida si abandonara este dogma?
Tendría menos remordimientos de conciencia. En este momento, me siento responsable de todos, pero no estoy a la altura de esta afirmación. Sin este dogma, sería más libre y tendría más energía para mí mismo. Progresaría más en la vida y tendría reservas de energía para ayudar de forma específica, en lugar de repartir mi ayuda a diestro y siniestro.

He aquí otra creencia que suele rondar la mente de la gente amable:

NO DEBERÍA TOMARME TAN EN SERIO

1. ¿Es eso realmente así?
   No, porque mis necesidades me mantienen vivo. Mi hambre me indica que necesito comer. La sed me indica que necesito beber. Las necesidades psicológicas son igual de importantes, por ejemplo, que necesito tiempo para mí y por eso rechazo una invitación. Tengo que tomarme en serio a mí mismo; es la única manera de mantenerme sano física y mentalmente.

2. ¿Se cumple siempre? ¿En todas las situaciones, en todos los momentos, en todos los estados de ánimo? ¿O hay excepciones?
   Cuando estoy en mitad de una negociación salarial, tengo que tomarme en serio a mí mismo y a mis intereses; de lo contrario, se aprovecharán de mí. Cuando hablo en una reunión, tengo que tomarme en serio a mí mismo; de lo contrario, nadie me escuchará. Y cuando educo a mis hijos, tengo que tomarme en serio, porque, si no, me tomarán el pelo en mis narices.

3. ¿Hay personas que piensen o actúen de forma completamente diferente y tengan éxito gracias a ello?
   Por supuesto. Por ejemplo, conozco a un joven que cada vez que trabaja lo presenta como una hazaña de Hércules. Considera que lo que hace es increíblemente importante. Y se considera insustituible, lo cual es probablemente la razón por la que fue nombrado jefe de departamento hace unas semanas.

4. ¿Qué argumentos hay en contra de este dogma?
   Si yo no me tomo en serio, los demás tampoco lo harán. También tengo que admitir que siempre me siento decepcionado cuando los demás no aprecian lo que hago por ellos y dan por sentado mi esfuerzo. En secreto, me tomo a mí mismo más en serio de lo que quiero admitir. Eso va en contra de mi dogma.

5. ¿Qué creencia equivocada es (secretamente) la razón fundamental de mi forma de actuar?
   En primer lugar, que me estoy convirtiendo en un egoísta al reclamar espacio para mí. Segundo, que el espacio que reclamo para mí se lo quito a los demás. Tercero, que no puedo soportar las miradas que me dirigen en cuanto subo a la «palestra».

6. ¿Qué sería más fácil o mejor en mi vida si abandonara este dogma?
   Podría defender mis propias necesidades sin reservas. Me resultaría más fácil hacer valer mis exigencias y rechazar las peticiones de los demás. Además, ya no tendría que esperar un reconocimiento aleatorio, sino que podría preguntar a los demás qué les parece mi actuación.

Y otra creencia que oigo a menudo de gente amable:

NO PUEDO QUEJARME DE CADA PEQUEÑA COSA

1. ¿Es eso realmente así?
   Nadie me prohíbe quejarme. Puedo decidir por mí mismo cuándo y por qué. No hay ninguna norma vinculante que diga si algo es «importante» o una «tontería». Aquí puedo fiarme de mi impresión subjetiva.

2. ¿Se cumple siempre? ¿En todas las situaciones, en todos los momentos, en todos los estados de ánimo? ¿O hay excepciones?
   En muchas situaciones, mi queja es necesaria para poner límites a los demás. Si la cajera del supermercado me da cinco céntimos de menos, es una «minucia», pero si no digo nada, puede que la próxima vez me den diez céntimos menos. Y dentro de una semana me faltarán diez euros. Quejarse de las «pequeñas cosas», en particular, impide que otros sigan aprovechándose de mí. Eso es tan válido en mi vida privada como en el trabajo.

3. ¿Hay personas que piensen o actúen de forma completamente diferente y tengan éxito gracias a ello?

Mucha gente vive según el dicho «¡El que no llora no mama!» El otro día, en un bar, oí a una mujer quejarse al camarero de que había «demasiada sal en la sopa». El resultado fue que a ella y a sus acompañantes les sirvieron una bebida por cuenta de la casa. Con su queja se había ganado el respeto de los demás.

4. ¿Qué argumentos hay en contra de este dogma?
Es imprudente por mi parte afirmar que mis propias necesidades son una «tontería». Tengo derecho a tomármelas en serio. Tengo derecho a arriesgarme a entrar en conflictos en lugar de rehuirlos. Y es que cuantos menos conflictos tenga, menos habilidades para resolver conflictos desarrollaré.
5. ¿Qué creencia equivocada es (secretamente) la razón fundamental de mi forma de actuar?
En primer lugar, que no tengo derecho a mis necesidades. Segundo, que solo soy «amable y simpático» cuando me callo. Tercero, que no estoy a la altura del tipo de conflicto que podría derivarse de una queja.
6. ¿Qué sería más fácil o mejor en mi vida si abandonara este dogma?
Podría decir con audacia y valentía lo que no me gusta y ya no tendría que censurar mis propias necesidades ni sopesar cada palabra que voy a decir. Podría decir lo que pienso. Actuaría con más autenticidad y los demás me tomarían más en serio que antes.

¿En cuál de estas creencias te has reconocido? ¿Y qué cambia cuando lees las seis respuestas? ¿Hasta qué punto estas percepciones consiguen amortiguar el efecto de ese dogma en cuestión?

¿Qué ha revelado el test de preguntas sobre tu propio dogma? Repasa cada una de ellas y pregúntate: ¿Es aceptable el precio que estoy pagando por esto? ¿O viviría mejor y más fácilmente sin esta creencia?

Es cierto que no podemos desprendernos de nuestras convicciones como quien se deshace de una prenda de ropa, son tozudas. Sin embargo, puedes librarte de ellas sustituyendo la creencia disfuncional por una nueva que te sirva en el verdadero sentido de la palabra.

¡Me caso con mis ideas!

Todas las mañanas te decides por un conjunto determinado y te pones delante del espejo para comprobar cómo te queda. Te ajustas el jersey, la blusa o la camisa. Pero, ¿y tu mundo interior? ¿Decides pensar de una determinada forma cada mañana? ¿O sales al mundo con tus convicciones sin ningún control?

Elegimos qué ropa ponernos antes de salir de casa, pero no nuestras ideas. Muchas situaciones que se repiten en tu vida te inducen a repetir un comportamiento antiguo. Se activa en ti un programa de comportamiento alimentado por un conjunto invisible de creencias. ¿Cómo puedes conseguir interrumpir este automatismo? Imagina que hay un verificador de creencias que te acompaña en tu vida cotidiana con una cámara. Hagas lo que hagas, está ahí contigo. Con cada comportamiento, con cada decisión que tomas, te pregunta: ¿Qué dogma hay realmente detrás de este comportamiento?

El juego mental con el verificador de creencias te ayuda a ver una situación desde dos perspectivas: desde dentro, como participante, y desde fuera, como observador (neutral). La perspectiva exterior te convierte en director; puedes juzgar y cambiar tu comportamiento desde la distancia en lugar de quedarte atrapado en él.

Ante una situación determinada, pregúntate: ¿Cómo valorará el examinador de creencias la situación actual desde el exterior? Si te sirve de ayuda, puedes colocar un objeto inusual en tu campo de visión que te recuerde al examinador. Por ejemplo, puedes llevar reloj de pulsera, aunque en realidad nunca lo hagas. Así, cada vez que veas el reloj, te recordarás a ti mismo que ese día has salido a la calle con el examinador de creencias.

Pongamos un ejemplo concreto: imagina que suena el timbre de tu puerta a última hora de la tarde. Tu vecino, un poco descarado, se planta delante de ti y te pide prestada la barbacoa para esta noche. Tú tenías idea de hacer una barbacoa esta noche con unos amigos, pero aún no has invitado a nadie, era solo una de las muchas posibilidades. ¿Qué le contestas a tu vecino?

Mucha gente amable pensaría: «Claro que puedes usarla. Yo puedo dejar mi barbacoa para mañana, no hay problema. ¿Qué va a pensar de mí si le digo que no?».

En ese momento puedes observar el reloj en tu muñeca, acordarte del examinador de creencias y preguntarte: «¿Qué dogma me está guiando en este momento? ¿Me está ayudando? ¿O me está perjudicando? ¿Quiero dejar que esta creencia se apodere de mí? ¿O puedo cambiar esta forma de pensar?».

Este examen puede tener lugar en cuestión de milisegundos, en cuyo caso tú no respondes por reflejo, sino tras una breve reflexión. Durante tu examen interior puedes encontrarte con la siguiente creencia: ¡Debo ayudar en lo que pueda!

¿Cómo puedes sustituir esta creencia por otra más favorable? Lo más sencillo es cambiar la creencia de antemano por otra alternativa coherente. Repasa todas tus creencias y pregúntate sobre cada una de ellas:

- ¿Qué quiero pensar en su lugar?
- ¿Cómo puedo cuidar mejor de mis intereses y valores?
- ¿Qué convicción me ayuda a actuar de forma que me sienta más cómodo a largo plazo?

A partir de estas percepciones puedes formar un nuevo sistema de creencias que no esté alimentado por la arbitrariedad, sino por tu voluntad. Uno de mis clientes encontró tres alternativas a «¡Debo ayudar en lo que pueda!»

1. Solo ayudo cuando realmente quiero y no perjudica mis propios intereses.
2. Nunca ayudo a los que pueden ayudarse a sí mismos, porque eso les debilitaría.
3. Ayudo a los que me ayudan (o me ayudarían). Descarto a los que quieren aprovecharse de mí.

Supongamos que has optado por la idea de que solo vas a ayudar cuando no perjudique tus propios intereses. Entonces, podrías decirle a tu vecino lo que realmente piensas: «Ya sabes que normalmente no hay problema en que cojas prestada nuestra barbacoa, pero hoy puede que nosotros hagamos barbacoa en casa con unos amigos. Por eso no quiero comprometerme todavía. Te aviso antes de las seis de la tarde si finalmente puedes usarla esta noche».

Las creencias coherentes te protegen frente a la manipulación. Un experimento científico sobre la recogida de donativos demuestra lo difícil que es rechazar un poco de ayuda. La simple frase «Incluso un solo céntimo ayudaría» puede aumentar dos veces y media el número de donantes[56]. La gente dona sin querer realmente donar porque solo se le pide una cantidad ínfima. El mismo efecto se produce cuando tu jefe te dice: «Nos vendría bien que te quedaras unos minutos más». O cuando un compañero de trabajo te dice: «Con solo 50 céntimos ya me ayudas».

Con el nuevo sistema de creencias puedes rechazar estos intentos de manipulación. Integridad significa armonizar tus palabras con la realidad[57]. Te sorprenderá el poder que te da esta coherencia. En lugar de desairar a la otra persona, aumentará su respeto por ti.

He aquí posibles alternativas para otras convicciones:

NO DEBERÍA TOMARME TAN EN SERIO

Tres alternativas:

1. Tengo derecho a tomarme en serio a mí mismo, solo así me tomarán en serio los demás.
2. Me tomo en serio sin darme importancia. Simplemente muestro quién soy.
3. Hasta que no me respete a mí mismo y a mis necesidades, no podré respetar de verdad a los demás.

NO PUEDO QUEJARME DE CADA PEQUEÑA COSA ....

Tres alternativas:

1. Si algo me molesta, tengo derecho a decirlo.
2. Si presento una queja, aumento las posibilidades de obtener lo que realmente necesito.
3. Cada motivo de queja es una oportunidad para mejorar mi autoestima.

Analiza tus propias creencias y desarrolla tres alternativas para cada una de ellas. Experimenta en tu vida cotidiana para ver cuál funciona mejor como pauta para tus acciones. Di «sí» a tu nueva forma de pensar como si quisieras casarte con ella. Cuanto más a menudo consigas sustituir los antiguos dogmas, más los olvidarás. Entonces actuarás de forma menos amable, pero mucho más coherente.

Mi prueba de amabilidad

EL MENTIROSO DEL SEMINARIO

La situación: El fin de semana de prueba de mi curso anual de formación para convertirme en orientador profesional está llegando a su fin. Veo caras de satisfacción. Al despedirnos, los participantes confirman que completarán todo el curso. Solo la señora Meinel, una directiva que es la última en marcharse, me sorprende con una exigencia: «¡Solo haré el curso si consigo un precio preferente! Me ha dicho otro participante que le hicisteis un descuento. A mí también me gustaría que me lo hicierais».

Me siento completamente descolocado. Nadie ha recibido nunca un descuento por este curso. ¿Cómo debo responder ahora al cliente, de forma diplomática o directamente?

Ejercicio: ¿Cómo reaccionarías tú en mi lugar?

____

____

____

Mi reacción: Decido ponerle límites y le digo: «Le aseguro que todo el mundo paga lo mismo, en este curso y en todos los anteriores. No obstante, si tiene alguna duda sobre si la formación vale realmente el precio que cuesta, entonces debería abandonar el curso. No creo que sea adecuado para usted». La señora Meinel recula inmediatamente y habla de un «malentendido».

Evaluación desde la perspectiva actual: Sigo pensando que mi reacción fue buena.

Comentario: La señora Meinel me pone a prueba con sus juegos mentales. ¿Dejo que lo haga o no? Consigo trazar una línea clara, porque tengo la conciencia tranquila y al mismo tiempo hablo en nombre de los demás participantes, que pagan todas las cuotas de forma regular. Establecer un límite claro puede ser un comportamiento social.

Por cierto, la señora Meinel hizo el curso después de todo y me trató con notable respeto. Ya sabía cómo me las gasto.

La trampa de la amabilidad: Estaba a punto de justificarme amistosamente. «No me explico por qué alguien le ha hablado de un descuento. En cualquier caso, no es cierto». Habrá sido un error. No era yo quien tenía que dar explicaciones, sino ella.

Mi lección: Si alguien pone a prueba tus límites, ¡párale en seco! Hazlo claramente una vez y no tendrás que hacerlo una segunda. Además, te ganarás su respeto.

PARTE 2

POSIBILIDADES PARA LAS **PERSONAS AMABLES**

5

Cómo ganarte el respeto de los demás: así te tomarán en serio

En este capítulo aprenderás...

- cuál es la verdadera razón de que no te respeten lo suficiente,
- por qué la mayoría de los alemanes temen un ascenso,
- cinco formas de lograr un respeto inesperado,
- qué tiene que ver la lucha entre dos lobos con tu amor propio.

¿Cuánto te respetan realmente?

El jefe golpea con su zapato el suelo con fuerza y le grita a su empleada: «¡Exijo respeto por su parte!». Su tono displicente le ha molestado. Sin embargo, su exigencia es inútil. Si tienes que exigir respeto, es que ya lo has perdido. A alguien que te debe dinero puedes exigirle que te lo devuelva, pero no puedes exigirle respeto a nadie porque nadie te lo debe.

Y, sin embargo, hay muchas formas de conseguir que te respeten: mostrando tu personalidad, definiendo tus límites y actuando conforme a tus valores personales.

¿En qué medida te respetan en tu entorno? El siguiente test te dará una respuesta. Marca aquellas afirmaciones con las que estés de acuerdo. Posteriormente, encontrarás una breve evaluación de los resultados.

Test de respeto

1. Me valoran y me tienen en cuenta lo suficiente.	
2. Los demás suelen mostrarme un gran aprecio.	
3. Cuando digo algo, los demás me prestan mucha atención.	
4. Mi opinión es solicitada y tiene peso en la toma de decisiones.	
5. Los demás se toman en serio mis necesidades.	
6. Rara vez se intentan aprovechar de mí o tomarme el pelo.	
7. La gente casi nunca me grita o es grosera conmigo.	
8. No suelen encargarme tareas para las que los demás están demasiado ocupados.	
9. La gente me aprecia, incluso cuando no hago lo que se espera de mí.	
10. Mis compañeros de trabajo confían en mí para gestionar las tareas difíciles.	
11. Si digo que no, se acepta sin demasiada insistencia.	
12. Los demás me permiten estar de mal humor a veces.	

EVALUACIÓN

Has respondido «Sí» entre 11 y 12 veces: Es evidente que gozas de un alto nivel de respeto, alimentado por tu personalidad. Los demás te aprecian, te toman en serio y responden a tus necesidades. Casi nadie intenta sobrecargarte o aprovecharse de ti.

Has respondido «Sí» entre 9 y 10 veces: En la mayoría de los casos te respetarán. Se te acepta seriamente por tu personalidad. No obstante, hay excepciones en las que puedes ser demasiado amable y que te subestimen.

Has respondido «Sí» entre 6 y 8 veces: Te respetan, pero no lo suficiente. Suele pasar que a ti, que eres una buena persona, no se te toma lo suficientemente en serio. A veces te ignoran o no se te escucha lo suficiente.

Has respondido «Sí» entre 4 y 5 veces: Estás completamente atrapado en la trampa de la amabilidad. Es evidente que la excepción es que los demás te muestren respeto. A menudo te imponen las necesidades de los demás o simplemente te ignoran.

Has respondido «Sí» entre 0 y 3 veces: El respeto que recibes de tus semejantes es apenas digno de mención. A menudo te acosan, te ignoran y no te toman en serio. Sin embargo, es obvio que tienes la determinación de cambiar esto; de lo contrario, no estarías leyendo este libro.

La lucha entre los dos lobos

El jefe indio estaba sentado alrededor de la hoguera con su hijo, con el cielo estrellado centelleando sobre sus cabezas. A lo lejos, un coyote aullaba. El hijo se había quejado de que la tribu no le respetaba lo suficiente. Quería saber a qué se debía.

El jefe apuró su pipa, dejó que la nube de humo se elevara hacia el cielo a la luz de la luna y luego respondió: «Hijo mío, hay dos lobos luchando en cada uno de nosotros. Uno de ellos malvado; percibe las dudas que tienes de ti mismo y tu cobardía. Siente tu miedo a defenderte. Y luego está el otro lobo, que es bueno. Percibe tu grandeza y tu talento. Siente tu valor para respetarte y amarte incluso en la derrota. Estos dos lobos, el bueno y el malo, luchan entre sí las veinticuatro horas del día».

El hijo apenas se atrevía a formular la pregunta crucial, pero finalmente se decidió: «¿Y qué lobo, padre, vencerá en mí?».

El padre miró hacia el cielo estrellado durante largo rato antes de contestar: «Aquel al que tú alimentes».

Lo que pensamos de nosotros mismos se convierte en realidad. El mundo exterior que experimentamos es un reflejo de nuestra vida interior.

- Si dudas de ti mismo, los demás también dudarán de ti.

- Las personas que piensan mucho en su inferioridad son percibidas como inferiores.
- Si no te mantienes firme por ti mismo, nadie más te respaldará.

Es doloroso darse cuenta de esto, ya que no puedes trasladar la responsabilidad a los demás. Todo lo que ocurre tiene que ver contigo. No obstante, ser consciente de esto también supone una gran oportunidad.

- Empieza a respetarte más a ti mismo y ganarás más respeto.
- Empieza a considerarte más valioso y los demás te valorarán más.
- Empieza a defenderte más a menudo, y los demás te apoyarán con más frecuencia.

¿A cuál de tus dos lobos estás alimentando? ¿Al lobo del amor propio? ¿Te tomas en serio a ti mismo? ¿Piensas bien de ti mismo? ¿Te mantienes firme, incluso cuando las cosas se ponen difíciles? ¿O alimentas al lobo de la duda? ¿Minimizas tus necesidades? ¿Piensas mal de ti mismo? ¿Y te reprendes interiormente con frases como: «¡Has vuelto a quedar como un estúpido!»?

La falta de respeto hacia uno mismo hace daño. El psicólogo Nathaniel Branden escribe: «En el tribunal de mi mente, solo hay un juicio que cuenta: el mío. Mi ego [...] es el juez del que no hay escapatoria. Puedo evitar a las personas que han aprendido la humillante verdad sobre mí, pero no puedo huir de mí mismo»[58].

Una imagen negativa de uno mismo crea un eco en el mundo. He aquí algunos ejemplos extraídos de mis sesiones de asesoramiento:

- Un empleado industrial que siempre se siente ignorado por su jefe. Las tareas importantes siempre van a parar a las mesas de sus compañeros. ¿Por qué el jefe pasa por alto sus cualidades?
- Una monitora de *fitness* que se siente maltratada por sus clientes. Siempre le echan la culpa a ella cuando alguna cosilla del equipo no funciona. ¿Por qué todo el mundo descarga su frustración en ella?

- Un padre soltero al que un profesor le llama la atención en la reunión de padres porque su hijo de doce años es un descarado en el colegio. ¿Por qué tiene que aguantar semejante ataque?
- Una becaria a la que le habría encantado irse de viaje con una amiga durante las vacaciones de verano. Sin embargo, su deseo fue simplemente ignorado cuando la empresa planificó las vacaciones de los empleados. ¿Por qué su deseo es tan poco importante?

A veces, esos clientes incluso sienten cierta satisfacción cuando hacen el test de respeto y ven el resultado: «¡Ya sospechaba yo que nadie me tomaba en serio!». Suena como una acusación.

¿Sientes lo mismo? ¿Estás enfadado con los demás? Sería comprensible, porque todos anhelamos reconocimiento y respeto. Aun así, recuerda: el respeto no se puede exigir, hay que ganárselo.

Yo suelo sorprender a mis clientes haciéndoles el test del respeto por segunda vez. Solo que en esta ocasión las preguntas se refieren a la imagen que tienen de sí mismos. Marca de nuevo las afirmaciones con las que estés de acuerdo:

Test de autorrespeto	
1. Me reconozco como persona y me presto atención.	
2. En el día a día me trato con aprecio.	
3. Me atengo a mis convicciones y las defiendo.	
4. Mis decisiones dependen, sobre todo, de lo que yo siento y quiero (no de lo que quieren los demás).	
5. Me tomo en serio mis deseos y necesidades y los defiendo.	
6. Rara vez me sobrecargo y asumo demasiadas tareas.	
7. Casi nunca me falto al respeto o menosprecio interiormente.	
8. Casi nunca quiero hacer tareas que no esperaría que hicieran otros.	
9. Me valoro incluso cuando no consigo mis objetivos.	
10. Confío en mi capacidad para llevar a cabo tareas y retos difíciles.	
11. Acepto el hecho de que a veces no quiero hacer algo (aunque otros quieran que lo haga).	
12. A veces me permito estar de mal humor y mostrarlo al mundo exterior	

¿Cuál es el resultado? ¿Mucho mejor que la primera vez? Ojalá, pero sé por cientos de análisis que ambos valores, el respeto y el amor propio, son dependientes entre sí. Si te respetas poco a ti mismo, te ganarás poco respeto, igual que un agricultor que no siembra sus semillas se encuentra con un campo vacío en otoño. En cambio, las personas que se respetan a sí mismas se ganan el respeto de los demás sin necesidad de buscarlo.

Ahora se podría argumentar: ¿No hay gente grosera que simplemente trata a todo el mundo sin ningún respeto? Piensa en una persona así y pregúntate:

¿De verdad trata a todo el mundo con tan poco respeto? ¿Se mete con todos sin excepción? ¿O respeta más a unos y menos a otros?

El comportamiento de los demás también es una respuesta a lo que haces o irradias. Tomemos los ejemplos anteriores:

- El empleado industrial, al que su jefe ignora, duda en el fondo de sus propias capacidades, y por eso lleva una capa mental de invisibilidad.
- La entrenadora de *fitness*, maltratada por sus clientes, se expone a que le echen la culpa por su amabilidad sin límites.
- El padre al que le regaña el profesor de su hijo tiene a menudo la sensación de que no ser justo con su hijo; parece irradiar este sentimiento.
- La becaria a la que no se le tiene en cuenta a la hora de planificar las vacaciones incluso reconoce las cosas negativas con una sonrisa, lo cual ayuda a que no se le tome en serio.

La falta de respeto por uno mismo se refleja en el mundo exterior. Si los demás no te respetan lo suficiente, tiene que ver contigo mismo, ¡lo que significa que está en tus manos cambiar esto! Si te respetas más a ti mismo, te ganarás el respeto de los demás, es decir, influirás indirectamente en el comportamiento de los demás.

El miedo al ascenso

«La he cagado», refunfuñó la asesora de clientes Elfi Yildiz (34). Acababa de perder la oportunidad de su vida. En la reunión de evaluación su jefe le había comunicado que se iban a crear dos nuevos equipos de asesores. Alabó su rendimiento, destacó los comentarios positivos de los clientes y anunció que la ascenderían a jefa de departamento.

—Fue como si me hubiera alcanzado un rayo —dijo Yildiz—. Me senté en mi silla y no dije una palabra hasta que mi jefe comentó: «No parece que te alegres por la noticia».

Entonces ella le dijo que la estaba sobrevalorando, que no estaba a la altura de semejante cargo. Siguió en la misma línea durante un buen rato e incluso le dio ejemplos de situaciones en las que se sentía desbordada.

—¿Cómo reaccionó tu jefe? —le pregunté.

—Intentó disipar mis preocupaciones. Me dijo que era normal sentirse abrumado al principio cuando te ascienden. Que lo consultara esa noche con la almohada.

—¿Y lo hiciste?

—Desgraciadamente, no. Sentí como si alguien me hubiera puesto un enorme peso sobre los hombros. Tenía que quitármelo inmediatamente. Así que le dije a mi jefe que no era la persona adecuada para el puesto.

Al final, acabó convenciendo a su jefe, que aceptó su renuncia.

Esta conversación había tenido lugar seis meses antes de que Yildiz acudiera a mí en busca de asesoramiento. En su lugar habían ascendido a una compañera más joven, pero que obviamente se sentía capacitada para el puesto.

«Tiene mucha menos experiencia que yo y además se comunica mucho peor», me dijo Yildiz. Entretanto, había pedido otra reunión con su jefe para manifestarle que, después de todo, estaba dispuesta.

Sin embargo, él le había dicho que, por el momento, no había nuevos puestos directivos disponibles. «Y si surge alguna vacante, tendremos que ver cuánto has avanzado».

Al parecer, el mismo jefe que seis meses atrás le había confiado el puesto directivo ahora veía las cosas de otra manera. Su falta de autoestima se había extendido a él como una enfermedad contagiosa. Como ella dudaba de sí misma, ahora él opinaba lo mismo.

La idea de ocupar la silla del jefe tiene connotaciones negativas para muchas personas amables que, por ejemplo, piensan: «Si soy el jefe, tendré que ser duro, pero no me veo capaz. No quiero criticar, reprender o despedir a mis empleados: eso me quitaría el sueño».

Parece ser que el número de personas ambles en Alemania es considerablemente alto. Según una encuesta del Boston Consulting Group, solo el 7% de los empleados alemanes querría ocupar un puesto directivo en los próximos cinco a diez años. Es la cifra más baja a escala internacional. En China, el número de personas dispuestas a asumir un puesto directivo es del 47%, casi siete veces más que en Alemania[59].

¿Qué se te pasa por la cabeza cuando te imaginas a ti en un puesto directivo? Hay dos maneras de verlo: puedes ver tu amabilidad como un obstáculo. Por ejemplo, porque te persigue la idea de que no eres lo suficientemente duro para un puesto directivo. No obstante, también puedes ver tu amabilidad como un argumento a tu favor: «Mi empatía es lo que me convierte en un excelente directivo».

Puedes pensar: «Qué gran oportunidad para hacer que el mundo laboral sea un poco más social. Como directivo, me corresponde a mí mejorar las condiciones de los empleados. Puedo asegurarme de que los salarios se distribuyan de forma más justa. Y los empleados apreciarán que no les arranque la cabeza cuando les critique. Utilizaré un lenguaje cordial, pero claro».

Esto requiere de un alto nivel de autoestima. Pero, ¿cómo puedes conseguirlo? Por ejemplo, mediante afirmaciones. Se trata de frases que te dices a ti mismo para reforzarte y motivarte. Cuanto más a menudo te digas este tipo de frases, más profundamente se filtrarán en tu subconsciente.

Puedes comprobar lo eficaces que son las afirmaciones fijándote en la naturalidad con la que las utilizan los niños. Por ejemplo, como ya he comentado antes, a mí me aterrorizaba nuestro oscuro sótano de las patatas. Y cada vez que mi madre me enviaba allí, cantaba en voz alta al son de *Frère Jacques*. «Soy valiente, soy valiente... ¡todo despejado, todo despejado!». Al principio, cantar solo me distraía del miedo. Sin embargo, con el tiempo, el miedo desapareció. Me había armado de valor cantando.

Pruébalo. Di las siguientes frases todas las noches antes de irte a dormir, con la mayor firmeza y claridad posibles.

Afirmaciones para personas amables:

1. Soy único en este mundo. Nunca he existido a lo largo de miles de años, y nunca volveré a existir.
2. Soy una persona valiosa.
3. Disfruto de mi breve vida.
4. Me alegro de ser como soy.
5. Estoy orgulloso de mí mismo.
6. Me quiero con todas mis fortalezas y debilidades.
7. Merezco ser feliz.
8. Obtengo de la vida lo que necesito para mi felicidad.
9. Me tomo en serio mis necesidades.
10. Sé por mí mismo lo que me conviene y actúo independiente de las opiniones de los demás.
11. Muestro abiertamente quién soy; quiero que todo el mundo lo vea.
12. Digo lo que pienso; quiero que todo el mundo lo oiga.
13. Rechazo lo que no me gusta, aunque otros quieran que lo haga.
14. Aunque no soy perfecto, me acepto a mí mismo[60].
15. No me doblego para complacer a los demás.
16. Crezco a partir de los conflictos.

17. No tengo por qué caerle bien a todo el mundo; ya me caigo bien a mí mismo.
18. Se me da bien reconocer las necesidades de los demás.
19. Soy bueno reconociendo mis propias necesidades.
20. Me aseguro de estar bien, solo así tengo fuerzas para los demás.
21. Tomo distancia para que mi vida sea un espacio seguro.
22. Vivo de tal manera que crezco y me siento bien.
23. Me escucho y respeto mis sentimientos.
24. Puedo criticar a los demás sin herirles.
25. Puedo rechazar a los demás sin ofenderlos.
26. Si alguien sigue sintiéndose herido, eso es algo que ver con él, y lo acepto.
27. Se me da bien perdonar a los demás.
28. Se me da bien perdonándome a mí mismo.
29. Tengo mucha confianza en mí mismo, porque creo en mí mismo.
30. Y porque creo en mí mismo, consigo grandes cosas.

Todavía puede parecerte extraño decir estas cosas sobre uno mismo. No obstante, hazlo durante al menos treinta días seguidos. Las afirmaciones no funcionan igual de bien para todo el mundo. No obstante, en veinte años, nunca he oído de nadie que dijera esas frases todos los días durante semanas y no ganase autoestima.

En algunos casos había personas que pensaban que las afirmaciones no les funcionaban. Sin embargo, luego los demás se dirigían a ellas y les comentaban: «De repente, pareces tan liberado, ¿qué te ha pasado?». O bien se dieron cuenta de que, de pronto, les pedían su opinión personas que nunca antes se habían interesado por ellas. Y en varios casos, incluso recibieron sorprendentes ofertas de trabajo.

Imagina tu inconsciente como un mar profundo. Las afirmaciones son pequeños guijarros que arrojas al agua. Se hunden silenciosamente y tardan mucho en llegar al fondo. Pero luego se quedan allí, se amontonan y cambian la estructura.

No dudes en modificar las frases sugeridas para que te sean más fáciles de asimilar. También puedes añadir afirmaciones relacionadas con tu situación personal. ¿Cuál es tu objetivo? ¿Quieres ocupar un puesto directivo? ¿Tener más espacio para ti en tu vida privada? ¿Decir no a los demás con más facilidad? Piensa en frases en primera persona que te refuercen en esas áreas, y pronúncialas antes de irte a dormir.

Elfi Yildiz escribió ocho frases que contenían todas el mismo mensaje: era una buena líder. Las repetía noche tras noche. Las primeras semanas no notó ningún efecto. Sin embargo, al cabo de poco menos de un mes, se atrevió a acercarse de nuevo a su jefe. Y en esta conversación, sintió una fuerza inesperada.

«No tenía miedo, estaba segura de mí misma», me dijo más tarde, asombrada. En lugar de mostrarse como alguien que suplica, le dejó claro a su jefe que había tomado una decisión interior a favor de un puesto directivo. Obviamente, el jefe entendió el mensaje subliminal: si no es aquí, será en otro sitio. Y desde luego no quería perder a su mejor empleada. Así que solo tardó tres meses en crear un puesto directivo especialmente para ella. A día de hoy, Yildiz sigue ocupando ese puesto con éxito.

Cinco formas de ganarse el respeto

¿Qué es más importante para ti: un buen sueldo o que te respeten en el trabajo? Según un estudio del Respect Research Group, la mayoría de la gente considera que el respeto es más importante. Es el segundo deseo más importante en el trabajo, solo por detrás de desempeñar una tarea apasionante[61]. Estoy seguro de que este estudio también puede trasladarse a la vida privada. El respeto de los padres es más importante para todos los niños del mundo que la paga semanal.

La palabra *respeto* viene del latín *respectus* y significa volver a observar o considerar. Tomemos «considerar». Alguien se fija en nosotros, se nos ve, se nos aprecia, se nos tiene en cuenta. Lo contrario del respeto no es el desprecio, sino la ignorancia. A menudo, a las personas amables se las ignora o se las pasa completamente por alto. Hace poco, una clienta se me quejó de esto:

- Yo siempre me acuerdo del cumpleaños de todo el mundo, incluso de los conocidos lejanos, pero solo la mitad de ellos me felicitan.
- Hace poco quise hablar con una compañera sobre un problema relacionado con la crianza. Sin embargo, aunque yo siempre la escucho con atención, ella no tenía oídos para mí.
- Yo siempre saludo amablemente a las personas que conozco en la empresa, pero a mí menudo me ignoran.

Considera el respeto que tú muestras hacia los demás como un débito de tu cuenta bancaria interior. Si das más de lo que recibes, te arruinarás emocionalmente. Por eso es tan importante que exista un equilibrio entre dar y recibir, respetar y ser respetado.

Una autoestima sana atrae el respeto de los que te rodean. Los cinco comportamientos siguientes aportan respeto y ayudan a garantizar que tu cuenta interior se mantenga siempre equilibrada:

1. Adopta una postura propia (en lugar de intentar complacer a todo el mundo)

Mucha gente amable practica una curiosa afición: leer la mente de los demás. Antes de dar su opinión, se preguntan: «¿Qué piensa la otra persona? ¿Qué quiere oír?». Y luego dicen lo que los demás quieren oír, no lo que ellos piensan.

El respeto se gana de otra manera: adoptando una postura. Deja de censurar tus pensamientos. Di lo que piensas, aunque no le guste a todo el mundo. Cuando eres honesto y te defiendes, demuestras fortaleza.

Tal vez pienses que así corres el riesgo de ofender a los demás con una opinión discrepante. Bueno, pues si es así… En primer lugar, estás en tu derecho de molestar a alguien. Tú solo eres responsable de tus pensamientos, no de la reacción que estos susciten. En segundo lugar, por cada persona que no comparte tu opinión, suele haber dos que piensan: «¡Qué bien! ¡Por fin alguien lo dice!».

Las personas que tienen opiniones claras gozan de un alto nivel de respeto. Las personas con opiniones claras suelen estar en lo alto de la jerarquía y los demás murmuran apreciativamente: «Siempre dice lo que piensa».

2. Di lo que necesitas (en lugar de esperar que la otra persona lo adivine)

He aquí una frase habitual que la gente amable me dice en las sesiones de asesoramiento: «Mi jefe se tiene que dar cuenta de que…». Y luego siguen afirmaciones del tipo:

- Me he ganado un aumento de sueldo.
- Trabajo mucho más que mis compañeros.
- Siempre me ignoran cuando se trata de planificar las vacaciones.
- Ya es hora de que me asciendan.
- Necesito ayuda con mi proyecto.

En una sesión le pregunté a mi cliente, un publicista con exceso de trabajo:

—Puede que sea así, pero, ¿qué conclusión sacas tú de ello?

—Bueno, que se me acerque y me pregunte cómo puede ayudarme

—¿Así que consideras que la responsabilidad de reducir tu trabajo a un nivel saludable es de tu jefe y no tuya?

Titubeó un instante.

—También de mi jefe.

—¿Y quién crees que es más responsable de tu bienestar personal: tu jefe o tú mismo?

—¡De mi jefe! Yo no puedo eximirle de su responsabilidades de liderazgo.

—Y si él te dijera: «Yo no puedo eximirte de tu responsabilidad personal». ¿Hasta qué punto tendría razón?

—Bueno, en parte sí, pero...

—Supongamos que te diriges a tu jefe, le describes tu situación y le planteas una exigencia clara…

—Pero entonces estoy en una posición débil, porque quiero algo de él…

—Míralo de este modo: cuando tú mismo planteas una exigencia, demuestras valentía y subrayas la urgencia de tu demanda. no tienes nada que perder, pero sí mucho que ganar, sobre todo, el respeto de tu jefe.

Ilustré mi razonamiento con una imagen:

—Es como en el fútbol. Puedes estar en el campo lamentándote y quejándote de que nadie te pasa la pelota o bien puedes recibir el balón y marcar gol. En el primer caso, traspasas la responsabilidad a los demás. En el segundo caso, aceptas la responsabilidad; es incómodo, pero eficaz.

El publicista finalmente se armó de valor para hablar con su jefe y defender sus intereses. A lo que este respondió: «Llevo mucho tiempo preguntándome cómo te las apañas». Su petición de desahogo se encontró con una puerta abierta. ¿Qué comportamiento prefieres cuando quieres algo de otra persona? ¿Esperas que adivine tus pensamientos? ¿Le mandas indirectas para que se dé cuenta? ¿Refunfuñas para tus adentros cuando no pasa nada? Entonces te sugiero que cojas al toro por los cuernos. Di directamente lo que necesitas. No tendrás éxito inmediatamente con todas tus reclamaciones, pero quien reclama algo siempre tiene más posibilidades que quien se lo calla. Y se gana más respeto.

3. Rechaza lo que no te conviene (en lugar de aceptarlo a regañadientes)

«¿Me harías este favor?», le preguntan a una persona amable. «De acuerdo», responde esta.

Traducido, esto significa: no quiero hacerlo, pero lo hago de todos modos. Entonces cuida de la casa de los vecinos, organiza la fiesta de empresa, atiende las llamadas de un compañero a medianoche o acoge en su propia casa a un invitado de vacaciones no deseado.

Yo viví el último caso. Christine Jahn (58), secretaria ejecutiva y residente en el norte de Alemania, conoció un día a Clara (24) de Stuttgart. Se llevaban bien y prometieron visitarse. Fue más bien una promesa vaga. Sin embargo, menos de dos semanas después, Clara ya estaba llamando a Christine Jahn para preguntarle si podía ir dentro de quince días. Quería pasar unos días en Hamburgo y reencontrarse con viejas amigas.

Christine se sintió abrumada, pero finalmente accedió. El resultado fue el siguiente: Clara dormía por las noches en el sofá del salón, desayunaba copiosamente por la mañana sin haber comprado nada, y luego desaparecía durante todo el día para estar con sus amigas. Solo volvía para pasar la noche.

Christine pensaba que se estaban aprovechando de ella, pero solo le envió indirectas: «Apenas hemos tenido aún ocasión de hablar». A lo que su invitada no respondía. En un principio estaba previsto que se quedara tres días. La visita duró una semana entera. Cuando Christine finalmente se despidió de Clara y respiró aliviada, esta le dijo para su disgusto: «Ha sido genial estar en tu casa, ¡seguro que vuelvo!».

Los que son amables con los demás, pero a su costa, no se hacen ningún favor ni a sí mismos ni a los demás. El dramaturgo George Bernard Shaw lo dijo en pocas palabras: «Si empiezas sacrificándote por aquellos a los que amas, acabarás odiando a aquellos por los que te has sacrificado». Esto también se aplica a las amistades y los conocidos.

Christine Jahn perdió varias oportunidades de ganarse el respeto. Por ejemplo, podría haberle dicho ante la petición de dormir en su casa: «Me encantaría que nos viéramos, pero desgraciadamente no puedo ofrecerte un lugar donde pasar la noche». También habría sido posible poner límites más adelante: «Me he dado cuenta de que pasas todo el tiempo con otras personas. Y tengo la sensación de que solo te sirvo como lugar para pasar la noche. No me siento cómodo con eso, así que te pido…».

Quien expresa abiertamente sus sentimientos demuestra respeto por sí mismo, porque se toma en serio sus propias necesidades. Y esta claridad es una baza en el contacto con los demás, porque genera respeto[62]. Sin duda, a Clara no le habría gustado escuchar esto, pero habría aceptado este punto de vista. Y de eso se trata. No de ser querido por todos, sino de ser aceptado y respetado por todos.

4. Toma la iniciativa (en lugar de esperar que lo hagan los demás)

¿Cuál es la razón más común por la que las personas amables son ignoradas? Pues que, en lugar de actuar de *motu propio*, simplemente se unen a los demás; eso marca una gran diferencia. He aquí un ejemplo: a alguien se le ocurre salir de excursión. Piensa en un lugar y una hora, llama a sus amigos y traslada su propuesta a los demás. Esto le granjeará respeto, independientemente de la calidad de su propuesta. Hace más de lo que debe. Y se arriesga. No sabe si los demás tienen tiempo ni si les gustará el destino.

¿Qué papel te ves desempeñando en esta historia? ¿Tomas la iniciativa? ¿Corres el riesgo de ser rechazado? ¿O es más probable que te unas al resto de viajeros, posiblemente en contra de tus propios deseos?

Si tomas la iniciativa más a menudo, te ganarás más respeto. Piensa qué pequeñas iniciativas puedes plantear y qué riesgos estás dispuesto a asumir, tanto en el ámbito profesional como en el privado.

Aquí tienes algunos ejemplos:

- No esperes a que tu jefe te asigne un proyecto apasionante: ofrécete a asumirlo.
- Escribe una carta al director sobre un tema que te interese. O publica comentarios ingeniosos en Internet con tu nombre real.
- Piensa en una reunión de amigos que no se haya celebrado nunca. Por ejemplo, propón que todos hablen de un tema o un libro determinado.
- Acércate a una persona con la que últimamente te llevas peor de lo habitual. Aborda el tema abiertamente y pídele hablar de ello.

- Cuando planifiques tus vacaciones en el trabajo, no esperes a que todo el mundo haya expresado sus preferencias; en lugar de eso, di por adelantado cuánto tiempo te gustaría tomarte libre.
- Informa a tu jefe de que no estarás disponible para hacer horas extra la semana que viene (antes de que él te lo pida).

Dar un paso adelante te hace fuerte y visible. Tal vez te gustaría proponer algunas iniciativas para ganar respeto. Desarrolla tres ideas espontáneas:

Iniciativa 1:

____

____

Completado (fecha):

____

Iniciativa 2:

____

____

Completado (fecha):

____

Iniciativa 3:

____

____

Completado (fecha):

____

5. Critica y soporta las críticas (en lugar de evitar los conflictos)

El director de tienda, Paul Neuer (35), estaba molesto por el comportamiento de una dependienta. Ella hacía constantes llamadas privadas con el móvil en el espacio comercial. Sin embargo, los empleados no pueden hacer llamadas en el campo visual de los clientes. Intentó varias veces llamar la atención a la dependienta con una mirada severa, pero fue en vano. En la reunión de equipo había dicho: «En el espacio comercial, solo estamos para los clientes, ¡para nadie más!», una afirmación que la dependienta claramente no asumió. Aun así, Paul Neuer no tuvo el valor de dirigirse directamente a la empleada. Tal vez el asunto de las llamadas telefónicas se resolvería por sí solo. ¿Quizá su hijo estuviera enfermo y esa era la única razón por la que no podía esperar a su descanso para hacer las llamadas?

No fue hasta seis meses más tarde cuando el director tuvo un ataque de ira: «¡Deja de hablar por teléfono en el espacio comercial!, le gritó a la dependienta. Pero ella no tuvo remordimientos de conciencia y le replicó: «¡No lo entiendo! Nunca le ha molestado que haga llamadas entre horas. ¿Por qué ahora de repente es diferente?». Su tono revelaba el poco respeto que le tenía.

¿Te resulta familiar este patrón? Aunque el comportamiento de otra persona te molesta, no expresas ninguna crítica clara. Tu nivel de frustración aumenta lentamente... hasta que todo salta por los aires para asombro de la otra persona. Esos arrebatos te cuestan respeto, ya que tu reacción es desproporcionada para la ocasión.

Te ganarás el respeto si expresas tus críticas pronto y con claridad. La comunicación no violenta según Marshall Rosenberg, que funciona en cuatro pasos, te ayudará a conseguirlo[63]:

Paso 1: Mi observación (sin interpretación)

Describe tu observación, sin acusaciones: ¿Qué has observado? «Me he dado cuenta de que has hecho dos llamadas telefónicas privadas esta mañana en el espacio comercial, una de ellas en presencia de clientes».

Paso 2: Mi opinión al respecto

Describe qué sentimiento desencadenó en ti esta observación:
«Este comportamiento me molesta porque infringe nuestra normativa y puede alejar a los clientes».

Paso 3: Mi necesidad

Di lo que te falta. Expresa tu necesidad:
«Necesito que te concentres plenamente en los clientes y en tu trabajo cuando estás en el espacio comercial, y que estés disponible en todo momento. Por lo tanto, considero muy importante que tú y tus compañeros respetéis nuestra prohibición de hacer llamadas telefónicas».

Paso 4: Mi petición

Saca de ello una petición clara:
«En el futuro, por favor, telefonea únicamente durante los descansos y nunca en el espacio comercial».

¿Qué hace que el método de Rosenberg sea tan poderoso? Prescinde por completo de las acusaciones. En su lugar, de eso, envía mensajes en primera persona y habla de tus observaciones y necesidades subjetivas. Los cuatro pasos te permiten criticar sin herir a la otra persona y, al mismo tiempo, ganarte su respeto.

¿Y cómo afrontas tú las críticas? Imagina que un familiar te reprocha: «No me parece bien que hayas faltado a la fiesta de cumpleaños de tu tío. Tenía muchas ganas de verte. Ya no vienes a las celebraciones familiares tan a menudo como antes».

Hay dos errores que observo a menudo en la gente amable:

- O bien la crítica te golpea como un martillazo y tu confianza en ti mismo se derrumba a la vista de todo el mundo. Por ejemplo, agachas la cabeza, balbuceas una disculpa o ya no eres capaz de articular palabra.

- O bien te apresuras a dar la razón al crítico, como si quisieras evitar un juicio aún más severo: «Sé que debería haber ido. Lamento…».

Ambas reacciones te cuestan respeto. En el primer caso, demuestras que tu amor propio puede venirse abajo por el juicio de la otra persona. En el segundo caso, te muestras sumiso, lo que invita al agresor a lanzar nuevos ataques; las autoacusaciones provocan acusaciones externas. ¿Cómo puedes afrontar con confianza las críticas que consideras injustificadas? Yo recomiendo los cuatro pasos siguientes:

Paso 1: Agradece los comentarios

Agradece los comentarios, independientemente de que compartas o no el contenido:
«Gracias por contarme tu impresión tan abiertamente, eso demuestra confianza y yo aprecio que se hablen las cosas abiertamente».

Paso 2: Muestra comprensión

Explica hasta qué punto comprendes la crítica de la otra persona. Empieza tu explicación con la expresión «por un lado»:
«Por un lado, entiendo que me echaras de menos en la fiesta. Después de todo, he estado allí casi siempre en los últimos años».

Paso 3: Identifica tus propios motivos y necesidades

Responde, preferiblemente con la frase «por otro lado», por qué has actuado así y en qué medida rechazas la crítica:
«Por otro lado, en este momento necesito más tiempo para mí, estoy muy ocupado en el trabajo. Y si no tengo la cabeza despejada para una fiesta así, me parece más honesto cancelarla que obligarme a ir».

Paso 4: Afirmar empáticamente tu punto de vista

Déjale claro a la otra persona que mantienes tus convicciones, aunque no las compartas necesariamente: «Tal vez tú actuarías de otra manera si estuvieras en mi lugar. Lo comprendo perfectamente. No obstante, espero que respetes mi decisión».

Cualquiera que reciba una respuesta así de tu parte se quitará el sombrero. No dejas que las críticas te desvíen del camino, sino que tratas al crítico con respeto.

Solo hay un caso en el que deberías desviarte de este patrón de respuesta: cuando la crítica es acertada. Entonces te ganarás el respeto admitiendo el mal comportamiento sin excusas: «Tienes toda la razón, me he comportado mal. Y he aprendido de esto para el futuro que…».

Mi prueba de amabilidad

LOS PIRATAS DEL MAR BÁLTICO

La situación: Un conocido hotel del Mar Báltico me invita a una conferencia. El responsable del evento me promete titulares de prensa y una estancia lujosa. No obstante, no está previsto que cobre nada, lo recaudado se donaría a una buena causa.

Me gusta el compromiso social, así que quiero actuar. En el último momento, me entero de que ni siquiera me van a cubrir los gastos de viaje. Por teléfono, el director del evento nombra a varios famosos que han actuado sin gastos ni honorarios. Me dice: «Conozco sus libros, seguro que es usted tan solidario como todos los demás».

Quiero apoyar una buena causa y no parecer mezquino. No obstante, el hecho de dar una conferencia totalmente gratis e incluso pagar yo mismo el viaje, ¿no es demasiado?

Ejercicio: ¿Cómo habrías reaccionado tú en mi lugar?

____

____

____

Mi reacción: No me importa no cobrar, pero el hecho de tener que pagar mi propio viaje es demasiado para mí. Le digo al director: «Me parece bien donar mis honorarios a una buena causa, pero sé que su hotel se beneficia de estos eventos. Tienen buena prensa y atraen huéspedes. Si ni siquiera cubre mis gastos en este contexto, no iré». Le sorprende mi reacción. No obstante, su tono me dice que su respeto por mí ha aumentado. No se lo esperaba.

Evaluación desde la perspectiva actual: Creo que habría sido un error que yo hubiera pagado los gastos. Quien quiera mis servicios y mi nombre debe pagar lo que corresponda por ellos. A veces dono parte de los honorarios, pero eso lo decido yo. El hecho de que una empresa —¡un hotel, no una organización benéfica!— no me ofrezca ni un céntimo, sino que ellos mismos se lleven la recompensa, ya no sería una opción para mí hoy en día.

Comentario: El organizador del evento apunta a mi vena social. Me presiona moralmente. Su afirmación de que soy tan solidario como el resto de celebridades que han participado anteriormente significa justo lo contrario: ¡Si no viene aquí gratis, es usted un egoísta!».

La trampa de la amabilidad: Tenía miedo de parecer un frío egoísta que daba prioridad a sus propios honorarios por encima de las causas sociales. Casi pasé por alto el hecho de que el organizador se estaba comportando de forma muy antisocial conmigo.

Mi lección: Nunca seas solidario con los demás si eso implica que tienes que ser insolidario contigo mismo. El comportamiento social solo es creíble si lo vives hacia ti mismo y lo exiges a los demás.

6

Establece límites para que nadie se aproveche de ti

En este capítulo aprenderás...

- con qué señales invitas inconscientemente a los demás a aprovecharse de ti,
- cómo mostrarle a un jefe impertinente cuáles son tus límites,
- qué hacer si alguien te ignora o no te escucha,
- cómo salvar *tu* vida imaginando que vives a la orilla de un río.

¿Has olvidado levantar una valla?

Imagina que compras un gran terreno junto a un río, naturaleza en estado puro. Es verano y te apetece colocar una hamaca entre dos árboles y pasarte todo el día descansando en paz y tranquilidad.

Sin embargo, cuando llegas a tu propiedad, esta está llena de gente. Los bañistas dormitan al sol junto al río y los niños juegan al fútbol entre dos árboles. Un grupo de jubilados hace sentadillas y un par de adolescentes pasan el rato escuchando en su iPod música rap a todo volumen. Piensas: «Bueno, acabo de comprar la propiedad. Esta gente lleva muchos años pasando aquí su tiempo libre. Seguro que necesitan tiempo para encontrar otro rincón al que ir junto al río».

Esperas una semana antes de volver, pero allí todo sigue igual. Tu propiedad está a rebosar de gente. No hay ni rastro de la paz y tranquilidad que esperabas, y esto se prolonga durante todo un mes antes de que aceptes con resignación que la gente simplemente no respeta tu propiedad.

Esto plantea dos cuestiones:

- ¿Por qué crees que la gente entra en la propiedad cuando esta te pertenece?
- ¿Qué tendrías que hacer exactamente para disuadirlos?

La razón de que entren es obvia: como nadie sabe que la propiedad es tuya, nadie tiene escrúpulos a la hora de colarse en ella. En caso de duda, una propiedad con dueño desconocido pertenece a todo el mundo.

Si quieres cambiar esta situación, hacen falta tres pasos:

- Debes hacer saber al mundo que eres el propietario del inmueble, por ejemplo, colocando un cartel.
- Debes dejar claro dónde empieza exactamente tu propiedad, por ejemplo, con una valla.
- Debes defender tu propiedad de los intrusos si es necesario.

Imagina que entras en tu propiedad al amanecer y clavas unos cuantos carteles en los árboles («Propiedad privada: prohibido el paso»). De este modo has señalizado tu propiedad. No obstante, por la tarde te das cuenta de que la mitad de los visitantes siguen en tu propiedad. Evidentemente, los carteles no bastan para mantener a todo el mundo fuera de tu propiedad.

Por ello, decides vallar la zona. El éxito aumenta. En tu siguiente visita, el lugar está prácticamente vacío. Solo un puñado de personas ha saltado la valla y se baña junto la orilla del río.

¿Qué ocurre si no ahuyentas a estos intrusos? ¿Crees que con el tiempo se sentirán culpables y desistirán? No, lo que toleras sin luchar atraerá imitadores. Pronto habrá más gente en tu propiedad, o bien alguien hará un agujero en la valla. Y el ajetreo será tan grande como antes. Recordemos: solo quien delimita, cerca y defiende su propiedad está a salvo de intrusos indeseados. Este ejemplo puede aplicarse a los límites en tu vida:

- ¿Has colocado señales claramente visibles que definan tus límites cuando interactúas con los demás? Por ejemplo: ¿Sabe la gente con la que te relacionas que no toleras la impuntualidad (persistente)? ¿O es posible que este traspaso de límites te moleste, pero que no haya ningún cartel colocado que señalice tu «propiedad» diciendo: «¡Quiero puntualidad!»?

- ¿Has construido una valla alrededor de tus propios intereses tan alta que nadie puede verla? Por ejemplo, dile a alguien que te ha decepcionado por no ser puntual: «La próxima vez, espero puntualidad. Si no, me voy a casa».
- ¿Estás dispuesto a empujar al otro lado de la valla a cualquiera que intente saltarla? Entonces, si llega tarde de nuevo, ¿te vas realmente a casa y cancelas vuestras próximas citas, al menos por el momento? Solo este último paso demuestra tu coherencia.

Tal vez temas que tanta coherencia pueda parecer agresiva. Sería una buena señal. A veces hay que enseñar los dientes para que los demás respeten tus exigencias. Ten en cuenta que tu agresividad es positiva; tu comportamiento no pretende perjudicar a la otra persona, sino servir a tu objetivo legítimo[64].

Intrusos en la oficina

Supongamos que siempre quieres aprovechar tu primera hora en la oficina para hacer trabajo conceptual. Sin embargo, en cuanto llegas a tu mesa, un compañero te hace una «pregunta rápida», ya que tú le has ayudado a menudo en el pasado. Poco después, tu teléfono suena y muestra el número de tu jefe, acostumbrado a que estés disponible rápidamente. Y por el rabillo del ojo, ves entrar en tu despacho al becario con su cuaderno en la mano; naturalmente, te han vuelto a pedir que le ayudes con sus tareas.

Querías una propiedad tranquila junto al río, pero ahora está sitiada. ¿Cómo se ha llegado a esta situación? ¿Y por qué es tan grande la tentación de tolerar el asedio en lugar de velar por tus propios intereses?

Las personas empáticas están sujetas a una falacia. Como ellas mismas perciben inmediatamente cuándo molestan y agobian a los demás, creen que los demás deben tener la misma sensibilidad hacia ellas. Sin embargo, la mayoría de la gente solo defiende sus propios intereses. Un compañero quiere que le resuelvan un problema, un jefe quiere hacer un pedido, un becario quiere consejo.... Que esto te moleste o no, poco les interesa a los demás.

A menos que envíes señales claras. Al igual que en tu propiedad junto al río, necesitas un cartel para informar a todo el mundo. Solo así podrás defender con éxito tu reivindicación de la propiedad en esta primera hora de trabajo del día. Por ejemplo, puedes decir en una reunión de equipo: «Me he dado cuenta de que tengo las mejores ideas por la mañana, entre las 8:30 y las 9:30 horas. Por eso quiero utilizar esta primera hora de trabajo para el trabajo conceptual. Os ruego que no me planteéis preguntas ni dudas hasta las 9:30».

Esta señal hace visible tu límite. Esto disuadirá a algunos, pero no a todos. Una valla adicional es útil. Por ejemplo, envía un correo electrónico diciendo que estarás encantado de responder a la consulta a partir de las 9:30. O deja un mensaje de este tipo en el buzón de voz de tu compañero. También puedes retirarte a una sala más tranquila de tu empresa con tu portátil durante esta primera hora. O, si tienes una antesala, dar instrucciones a tu asistente para que no te vea nadie.

De este modo, habrás dibujado una valla que disuade a la mayoría de los que cruzan el límite. Pero no a todos. Alguien intentará traspasar la valla. Por ejemplo, el becario puede encontrarte en la sala de descanso, o un compañero marca tu número privado de móvil. O bien otro compañero programa una reunión a primera hora de la mañana.

Ahora tienes ocasión de defender tu propiedad contra aquellos que traspasen el límite. Incluso tienes que hacerlo, porque es como tu propiedad junto al río. En cuanto toleras que alguien salte tu valla, la valla no tarda en caer. Mantén tus principios, insiste en tu límite.

Dile a tu compañero que ha marcado tu número privado, que durante la primera hora de la mañana no vas a responder a ninguna pregunta, ni siquiera breve. Dile al becario que se dé media vuelta y, si es posible, niégate a asistir a la reunión. Combina tu negativa con una alternativa. Por ejemplo, cuándo estarás disponible para los compañeros o para la reunión (véase la página 193).

Lo admito: ese comportamiento resulta agotador. Tal vez tengas miedo de contrariar innecesariamente a los demás. ¿Qué hay de malo en darle una respuesta rápida a tu compañero? ¿O un consejo al becario para que haga sus tareas? Y si las reuniones matinales son la excepción, ¿por qué no asistir una sola vez?

Recuerda: cada excepción abriría un agujero en tu valla. Si uno se cuela, le seguirán más. Entonces el agujero se hace más grande y la valla empieza a tambalearse. También funciona al revés: Cuando defiendes tus límites de forma coherente y audible, envías una señal que disuade a los demás. Nicolás Maquiavelo describe este efecto en su clásico del poder *El príncipe*. Solo aquellos que tienen el valor de cometer una sola «crueldad bienintencionada» no tienen que «sostener la espada constantemente en la mano»[65]. La disuasión crea reglas claras. Un límite no permite medias tintas, como puede observarse en la crianza de los hijos. Si mandas a un niño a la cama a las 8 de la tarde todos los días, sin excepción, pronto se dormirá a esa hora por sí solo. Sin embargo, si de vez en cuando aceptas una prórroga de cinco, diez, quince o treinta minutos, tendrás nuevas discusiones noche tras noche. Los niños utilizan todos los trucos de la manipulación humana, rogando o suplicando, engatusando o abrazando, llorando o gritando de rabia, según la estrategia que mejor te funcione.

Un niño reconoce inmediatamente la seriedad con la que te tomas tus límites mediante pequeñas señales. Por ejemplo, hay una gran diferencia entre decir: «Te vas a la cama a las ocho» y «Deberías irte a la cama a las ocho». La segunda formulación parece incierta, un «deberías» no es una obligación. Y «deberías» suena como si entretanto hubieras cambiado de opinión.

Los suavizantes lingüísticos difuminan tus límites. Dile a tu jefe: «Hoy *debería* llegar a casa a tiempo», y enseguida se dará cuenta de que, después de todo, puede convencerte para que hagas horas extra. Si, al reclamar en una tienda, dices que «*supuestamente* tienes derecho a un cambio», el dependiente se da cuenta de que te pueden dar gato por liebre. Pero no es solo una cuestión de palabras, a veces el cuerpo también envía señales equívocas. Es peligroso enviar señales contradictorias:

- Cuando sonríes tímidamente mientras dices que no, la otra persona recibe el metamensaje: «Aunque ahora te he dado un límite, solo lo defenderé débilmente si te topas con él».
- Cuando te tocas la boca con la mano mientras formulas un límite, la otra persona entiende: «Casi no me atrevo a decir eso, ojalá no lo hubiera dicho». Está claro que intentará doblegar tu afirmación.
- Terminar una afirmación con un tono agudo interrogativo, hace que en lugar de «¡Lo veo diferente!» se escuche como «¿Lo veo diferente?». Los finales agudos convierten las afirmaciones en preguntas. Y si no estás seguro de dónde está tu límite, la otra persona lo utilizará a su favor.
- Desviar la mirada mientras te distancias verbalmente y la otra persona se da cuenta, produce el efecto de querer parecer decidido sin serlo. No soportas decirle a la cara dónde están tus límites. La otra persona se aprovechará de esta inseguridad insistiendo, preguntando y exigiendo hasta que cedas.

En todos estos casos, *interiormente,* no estás seguro de dónde están tus límites y si tienes siquiera derecho a ellos. Es posible que te preguntes: «¿Qué pensarán los demás si soy tan estricto?». Estos pensamientos negativos te apartan del momento, además de restarte presencia y luminosidad[66]. Esta incertidumbre crea una brecha entre la afirmación y las señales físicas. Es como decir en la orilla del río: «Nadie entra en mi propiedad» al tiempo que abres la puerta de la valla, das un paso a un lado y haces un gesto de bienvenida con la mano. Los mensajes no verbales dominan la comunicación y pueden enfatizar lo que se dice.

Los límites solo funcionan cuando son claros. Una señal clara, una valla alta y una defensa coherente de tu voluntad.

El jefe impertinente

—Mi jefe se está portando fatal —dice Anita Rieger (49) en la sesión de asesoramiento—. Cada vez que me encarga una tarea, termina diciendo: «deprisita», como si yo fuera un caracol al que hay que empujar.

—¿Tienes más ejemplos? —le pregunté.

—Cuando no está de acuerdo con algo, a menudo me dice: «Cualquiera que sepa un poco del tema sabe perfectamente que...», y luego expone su punto de vista. Me trata como si fuera estúpida.

—¿Cuándo te trata así?

—En todo tipo de situaciones. En privado, en un grupo pequeño o en reuniones. El otro día, en respuesta a uno de mis comentarios, dijo: «¡Típico de una rubia!». Algunos de los allí presentes incluso se rieron.

—¿Y tú?

—Intenté no reírme, pero puede que sonriera insegura, me sentí muy abrumada.

—¿Has hablado con tu jefe al respecto?

—No, entonces me habría atacado de nuevo: «¡Primero dices tonterías y luego reaccionas como una niña pequeña! No quiero darle ese gusto.

—Eso significa que es posible que tu jefe ni siquiera sea consciente de lo mucho que te está afectando su comportamiento.

—Creo que lo sabe.

—Cuándo dices «creer», ¿te refieres a que no puedes descartar por completo la posibilidad de que tu jefe dijera sobre los incidentes mencionados: «Supuse que a la señorita Rieger no le molestaría; nunca ha dicho una palabra al respecto e incluso alguna vez se ha sonreído»?

Reflexionó un momento.

—Creo que es poco probable, pero tampoco puedo descartarlo por completo.

Le conté la historia de la propiedad junto al río y luego le pregunté:

—¿Sabe tu jefe realmente dónde está tu límite? ¿Qué cosas puede decirte y cuándo consideras que se ha pasado de la raya?

—Debe mantenerse siempre dentro de los límites de la buena educación.

No fue capaz de definir este límite con más precisión. Así que le pedí que escribiera qué declaraciones o comportamientos de su jefe la habían hecho sentirse mal. Al cabo de quince minutos había rellenado un folio entero. Prácticamente toda la comunicación con su jefe se caracterizaba por el menosprecio. La interrumpía. A menudo negaba con la cabeza cuando ella hablaba. No respondía a sus argumentos y, con frecuencia, agitaba la mano despectivamente mientras decía: «¡No voy a discutir eso contigo!».

La propia Anita Rieger estaba asombrada por esta avalancha de transgresiones. No se había dado cuenta de la mayoría de ellas en su vida cotidiana. Había una persona acampada en medio de su propiedad frente al río, pero ella hacía la vista gorda la mayor parte del tiempo. ¿Cómo puede ser que alguien viole tus límites sin que te des cuenta?

Imagínate que posees un terreno frente al río que está formado por tus valores personales. Cuando una persona viola tus valores, lo percibes como una violación de los límites.

- Si la puntualidad es un valor importante para ti, te subes por las paredes cuando alguien llega tarde con regularidad.
- Si el orden es un valor importante para ti, te molesta que alguien siembre el caos a tu alrededor.
- Si la integridad es un valor importante para ti, te afectará mucho que alguien hable mal de ti a tus espaldas.
- Si la generosidad es un valor importante para ti, te duele cuando alguien es tacaño contigo.

- Si la empatía es un valor importante para ti, te resultará difícil soportarla si alguien muestra poco interés por tus preocupaciones.

El terreno en el que se produce la violación de los límites se encuentra en tu alma. Llamémoslo el «prado de los valores personales». Cada vez que alguien pone un pie en este terreno, esta violación de los límites te afecta, pero quizá de forma tan sutil que no eres capaz de clasificarla correctamente.

Anita Rieger era consciente de las evidentes transgresiones, por ejemplo, cuando su jefe calificó su argumento como de «rubia». Sin embargo, había suprimido o racionalizado las numerosas faltas menores, como un tono de voz brusco o saludar con la mano. ¿No tenía derecho un jefe a actuar con determinación? ¿No habría sido poco profesional tener en cuenta cada palabra?

No fue hasta la sesión de asesoramiento cuando se dio cuenta de cuál de sus valores violaba constantemente el jefe: el respeto en la comunicación. Ahora estaba en condiciones de definir los límites de su propiedad: «Concedo gran importancia a la interacción respetuosa. Lo ejemplifico y lo exijo, independientemente de si alguien está por debajo o por encima de mí jerárquicamente. Cualquiera que me trate irrespetuosamente recibirá ese tipo de respuesta por mi parte».

A partir de entonces, fue capaz de reconocer y rechazar inmediatamente las transgresiones. En lugar de aceptar las indirectas de su jefe como «¡No todos en el equipo están totalmente de acuerdo!». Ella le preguntó: «¿A qué se refiere?». Una técnica retórica que desenmascara la intención disimulada o hace retroceder al agresor»[67]. Prohibió repetidamente el tono áspero y los menosprecios de su jefe, pero ¿con qué éxito? En la última sesión de asesoramiento resumió su experiencia de la siguiente manera:

—Le decía una y otra vez: «Me ha hecho un gesto con la mano cuando he dicho algo. Eso me duele. Espero que me tome en serio y me trate con respeto». Me pidió que no «le montara una escena». Le dije que esa frase volvía a herirme, porque yo no pretendía montarle una escena, tan solo decirle lo que era importante para mí en mi trato con él. Era como un tira y afloja.

»Me di cuenta de la fuerza que me daba mi determinación. Al final, me prometió ser más respetuoso en el futuro. Por supuesto, al principio no lo cumplió, pero yo me di cuenta enseguida. Y se lo dejé claro con una nueva exigencia.

»Ya han pasado seis meses y solo en contadas ocasiones se pasa de la raya. Un compañero de trabajo incluso me preguntó el otro día: «¿Qué le has hecho al jefe? Últimamente te trata con guantes de seda». Mi respuesta fue sencilla: «Le he puesto límites».

Anita Rieger empleó un truco para ayudarla a cambiar sus hábitos. Durante ese tiempo, casi todos los días hablaba por teléfono con una amiga que establecía sus límites de forma ejemplar. Cada una de estas llamadas la llenaba de nueva energía y le daba valor para mostrar a su jefe un límite claro. Al mismo tiempo, limitó el contacto con su hermana, que siempre le exigía amabilidad y la hacía sentir culpable cuando defendía sus propios intereses.

Este consejo es enormemente poderoso: busca el contacto con personas que apoyen tus nuevos límites[68]. Por ejemplo, un amigo que no tenga reparos en decir que «no» y que te enseñe cómo puedes hacerlo tú también. O haz tándem con otra persona (demasiado) amable que quiera salir de la misma trampa que tú. Así podréis animaros e inspiraros mutuamente[69]. Por otro lado, debes limitar el contacto con personas que te presionen para que te conformes. Cuanto más viento de cola te proporcione tu entorno, más rápido avanzarás en tu desarrollo.

Cómo te salvan tus valores

¿Te gustaría averiguar dónde residen tus valores personales para poder defenderlos en el futuro? Entonces este sencillo ejercicio te ayudará. Piensa en tres situaciones en tu trato con otras personas en las que te hayas sentido incómodo. También pueden ser situaciones cotidianas;

cualquier pequeña cosa es digna de mención. Anota brevemente lo que ocurrió exactamente.

Situación 1:

____

____

____

Situación 2:

____

____

____

Situación 3:

____

____

____

¿QUÉ HAS ESCRITO? MI CLIENTE ALINA ANOTÓ:

Situación 1:
Le cuento a mi marido cómo me ha ido el día, pero tengo la sensación de que no me escucha. Además, está mirando el móvil.

Situación 2:
Una compañera de trabajo me dice: «Ya no queda café». Intuyo que espera que prepare un poco más, y así lo hago, pero, ¿por qué dejo que me diga lo que tengo que hacer?

Situación 3:

Estoy sentada en un restaurante y la camarera me ignora durante una eternidad. Los clientes que llegan después de mí son atendidos primero. Eso me molesta.

Siempre que te sientas mal, significa que alguno de tus valores no ha sido respetado. Alguien ha puesto un pie en tu propiedad. Lo que sucede es que no necesariamente te vas a dar siempre cuenta de ello. Por eso le pedí a Alina que se preguntara en cada una de las situaciones: «¿Qué me faltaba exactamente en ese momento?» Y después le pedí que formulara una expectativa. El resultado fue que sus valores salieron a la luz. Estos son los resultados de Alina:

Situación 1: Ignorada por mi marido

Me falta: Toda su atención.

Mi expectativa: Que se concentre totalmente en mí cuando le cuento algo porque yo también le escucho sin distraerme.

Valores afectados: Empatía, atención, dedicación.

Situación 2: Preparar café para una compañera

Me falta: Igualdad. Me trata como si fuera su sirvienta.

Mi expectativa: Si ve que se está acabando el café, que se lo haga ella misma. Yo me conformo con hacerlo tan a menudo como ella, pero no más.

Valores afectados: Justicia, igualdad, compañerismo.

Situación 3: Ignorada en el restaurante

Me falta: Atención, porque la camarera me ignora.

Mi expectativa: Quiero que me traten como a un cliente y que me atiendan rápidamente. Si otros que llegan más tarde son atendidos antes que yo, eso no está bien, y puedo decirlo sin dudarlo.

Valores afectados: Atención, justicia.

¿Te das cuenta? Dos de los valores, «atención» y «justicia», aparecen varias veces. Ya sea por parte de su marido, en el trabajo o en el restaurante, Alina es a menudo ignorada o discriminada. Si un valor aparece varias veces en este ejercicio, significa que este valor está especialmente mal protegido. Al parecer, Alina no ha sabido colocar las señales adecuadas y hacer que todo el mundo se dé cuenta de que reclama atención y justicia para sí misma. Este ejercicio tiene un doble efecto. En primer lugar, entras en contacto con tus valores. Sobre todo, si cada noche escribes una situación en la que te has sentido incómodo, e identificas el valor que se ha vulnerado. Así, al cabo de unas semanas, conocerás todos tus valores y necesidades importantes. Y al formular tus expectativas, aprenderás para situaciones futuras. Por ejemplo, después del ejercicio, Alina pudo decirle a su marido lo mucho que le molestaba su falta de atención, y que esperaba que a partir de entonces fuera todo oídos.

Defendió el valor lesionado y exigió un comportamiento diferente, algo que le habría resultado difícil hacer de forma espontánea.

Responde a las mismas preguntas que Alina en relación con las tres situaciones que has señalado anteriormente.

Situación 1:

____

____

____

Me falta:

____

____

____

Mis expectativas:

____

____

____

Valores afectados:

____

____

____

Situación 2:

____

____

____

Me falta:

____

____

____

Mis expectativas:

____

____

____

Valores afectados:

____

____

____

Situación 3:

____

____

____

Me falta:

____

____

____

Mis expectativas:

____

____

____

Valores afectados:

____

____

____

Imagina que vuelves a encontrarte en una situación similar. ¿Qué harías exactamente para reivindicar tu valor? Representa lo que dirías y harías. Si quieres, pídele a algún conocido que se ponga en el papel de la otra persona. Seguro que mejorarás ronda tras ronda y disfrutarás cada vez más del juego. Esto creará vías neuronales en tu cerebro que te facilitarán defender con confianza tus límites en situaciones de la vida real.

Autodefensa: ¡Alto ahí!

Poner límites es como un deporte. Antes de que empiece la competición, hay que entrenar duro. No me refiero solo a los juegos de rol, sino también al entrenamiento mental. ¿Qué tiene que hacer exactamente otra persona para exceder tus límites? ¿Cuándo transgrede una persona tu sistema de valores? Cuanto mejor lo sepas, mejor podrás defender tus límites.

La siguiente tabla te ayudará a definir tus límites. En la primera columna, hay una situación con la que podrías encontrarte. En la segunda, indica si se ha traspasado un límite. Y en la tercera columna, anota tu reacción ideal. ¿Cómo quieres afrontar esta violación de los límites? ¿Qué comportamiento puede garantizar tu felicidad y te hará respetar? Esto te dará una pauta para el futuro.

Situación	¿Se ha traspasado algún límite? En caso afirmativo: ¿Qué valor se ha visto afectado?	Mi reacción ideal
Tu compañero de trabajo insiste en hacerse un *selfie* contigo, aunque tú hagas signos evidentes de que no te apetece. Has dormido poco y tienes ojeras.	*Ejemplo:* Sí, se ha traspasado un límite. Mi valor de autonomía se resiente. Me gustaría decidir por mí mismo cuándo y cómo soy fotografiado.	*Ejemplo:* Le digo: «Hoy no me siento muy fotogénica. Por eso no me apetece que nos hagamos un *selfie*. Quizá en otra ocasión».
Celebras tu cumpleaños junto a tus vecinos y compañeros de trabajo. Entonces tu madre se lanza a contar una historia tuya personal de hace mucho tiempo que no viene a cuento en ese momento.		
Tenías cita en la peluquería a las 16:30. Son las 17:00 y todavía sigues esperando.		
Un vecino te pide una vez más que le ayudes a recortar su seto, a pesar de que él está tan en forma como tú y dispone de un tiempo similar.		

Situación	¿Se ha traspasado algún límite? En caso afirmativo: ¿Qué valor se ha visto afectado?	Mi reacción ideal
Un compañero de trabajo se dirige siempre a ti con diminutivos, a pesar de que no estáis especialmente unidos. Por ejemplo, te llama «Luisete» en lugar de «Luis», o «Anita» en lugar de «Ana».		
Un amigo te toca continuamente en el brazo mientras habláis. Este contacto físico te incomoda.		
Un nuevo compañero de trabajo de tutea, aunque sea más joven que tú. Además, en la empresa no todo el mundo se tutea.		
Un compañero te interrumpe constantemente para contar sus propias experiencias: «Una vez a mí me pasó algo parecido…».		
Un compañero de trabajo te dice: «Oye, he cambiado nuestro turnos. El martes no me venía nada bien».		
Alguien hace una broma a tu costa que, en principio, parece graciosa. Sin embargo, tú sospechas que en el fondo tiene mala intención.		
Tu pareja acepta una invitación para los dos sin consultarlo antes contigo.		

¿En qué casos no se han respetado tus límites? ¿Cuándo pudiste convivir conscientemente con el comportamiento de los demás? Vuelve a repasar la tabla y considera en cada caso: «¿Qué experiencias similares conozco en mi vida cotidiana? ¿Y cómo puedo defender mi propiedad en el futuro?».

¡Echa a esta gente de tu vida!

Anna Krämer (39) hincha las mejillas y suelta el aire.

—Yo le pongo límites a mi padre, ¡pero él los traspasa! Trato de defender esos límites, pero a él le da igual.

Durante décadas, su padre, Erwin (63), agente de viajes, no se había interesado por su vida. Sus padres se separaron cuando ella tenía tres años, y a lo largo de los años posteriores su padre se acordaba de vez en cuando de su cumpleaños y le traía un regalo, pero a menudo se olvidaba. Cuanto más crecía Anna, con más frecuencia lo hacía. Desde los 20 a los 39 años, no volvió a saber nada de él. Sin embargo, una noche sonó el timbre de la casa en la que vivía con su marido Markus y sus dos hijas (de diez y doce años). Un hombre sin afeitar y con olor a alcohol estaba ante su puerta. Tuvo que mirar dos veces para reconocer a su padre. Su casero le había echado de su casa. ¿Podría quedarse con ella unos días? «Naturalmente, no sabía qué hacer», me dijo durante nuestra sesión.

—Apenas había cuidado de mí cuando yo era niña. ¿Y ahora se suponía que yo tenía que ayudarle? Aun así, yo era su hija. No podía dejarle tirado ahora que me necesitaba.

Como no tenían habitación de invitados en la casa, la hija menor le dejó su cuarto y ella tuvo que irse al de su hermana.

—Fue como si un extraño se quedara con nosotros —recuerda Anna Krämer—. Mi marido solo le había visto antes en fotos, y yo tampoco le conocía realmente.

Al día siguiente, su padre le dijo que su empresa de viajes había quebrado y que ya no tenía trabajo. Prometió buscar un piso donde alojarse y Anna Krämer trató a su padre como a un invitado. Le ponía el desayuno en la mesa, le daba toallas limpias y le hacía la compra. Su padre se deshacía en elogios: «Eres una hija estupenda, no me lo merezco». Dos semanas después, Erwin se había instalado por completo.

A menudo hacía peticiones para la cena y decidía qué programa de televisión había que ver a las 20:15. Cuando se trataba de la educación de sus hijas, no ocultaba su experiencia (¿de dónde venía en realidad?). Por ejemplo, la hija pequeña parecía «demasiado descarada para su edad» (se había quejado de que ya no pudiera dormir en su habitación).

Como de costumbre, dejaba tirada su ropa sucia para que Anna la lavara. Y cuando ella iba de compras, él le dictaba sus deseos para que tomara nota. No aportaba dinero a la casa porque supuestamente estaba arruinado. No obstante, por extraño que parezca, aún podía permitirse comprar tabaco.

—Soy una persona a la que le gusta ayudar —me dijo Anna Krämer—. El hecho de poder ayudarle no me sentó tan mal. Quizá siempre había anhelado la presencia de un padre. Ahora estaba allí, aunque era completamente autosuficiente. Ni siquiera fregaba los platos.

La vida familiar se resintió.

—Ya no podía mantener conversaciones privadas con mi marido o mis hijas. Cada vez nos cohibíamos más en nuestra propia casa, como si fuéramos *nosotros* los invitados y no él». La madre también dejó de visitarla. Seguía peleada con su exmarido y no entendía por qué le habían dejado vivir allí.

Erwin rompió repetidamente las normas de la casa. Por ejemplo, no se quitaba los zapatos cuando venía de la calle («Solo he dado unos pasos por la calle, ¡los zapatos están limpios!»). Y una vez, cuando Anna llegó a casa un poco temprano, le pilló fumando un cigarrillo en el salón. Él afirmó que se dirigía al balcón, aunque se notaba que había humo en la casa.

«—Le hice señas de que no podía hacer eso, pero no podía echarle la bronca, era mi padre. —Anna le preguntó con cautela:

»—¿Sabes ya cuándo podrás mudarte a tu propio piso?

»—¿Estás tratando de deshacerte de mí?

»—No es eso, pero prometiste que solo estarías aquí temporalmente…

»—No me quieres aquí.

»—Yo no he dicho eso.»

No solo consiguió esquivar la pregunta, sino que además hizo que ella se sintiera culpable. Pasó casi un año y el padre se había apoderado por completo en la casa. Se peleaba cada vez más a menudo con el marido de Anna y las hijas aprovechaban cualquier ocasión para pasar la noche con los amigos. La casa era un caos.

Al final, Anna Krämer puso límites claros a su padre. Le dijo que quería la casa para su familia. Le dijo que recogiera sus cosas y se fuera. Él se comprometió repetidamente a hacerlo en los días siguientes, pero luego dio largas a su hija con excusas.

Hay casos como este. Estableces límites, pero la otra persona no los respeta. Cuanto más tardes en levantar tu valla de límites, mayor será la probabilidad de que la otra persona deje de tomárselo en serio. En esos casos, lo único que ayuda es una cura radical: echa a esa persona de tu vida. O bien limita el contacto al mínimo. Muchas personas amables se acobardan ante esta idea porque son reconciliadoras, no divisoras. Esto es exactamente lo que explotan los egoístas y los parásitos. Como sienten que pueden lograr cualquier cosa de alguien, lo hacen.

Por ejemplo, el padre de Anna se comporta como un príncipe. Rompe sus promesas una vez tras otra y se deja servir sin ayudar. Valores como el compromiso y la ayuda son importantes para Anna. Él, en cambio, no se compromete a nada y solo se ayuda a sí mismo. No basta con mostrarle verbalmente los límites. Necesita una patada en el culo en el sentido más estricto de la palabra, porque los abusones solo entienden los mensajes abusivos; ése es su idioma.

Mi consejo a Anna Krämer fue:

—Dale a tu padre un último plazo, y dile que entonces cambiarás la cerradura y pondrás sus cosas fuera de la puerta principal.

A ella no le gustó nada mi sugerencia. Pero no pudo encontrar otra alternativa razonable. De hecho, el padre dejó pasar el último plazo y al final se vio de pie frente a la puerta cerrada. Estuvo allí golpeando, llamando y quejándose durante unas horas, pero luego se marchó tan repentinamente como había llegado. E inmediatamente la vida familiar volvió a ser más armoniosa.

Unos meses más tarde, Anne Krämer afirmó:

—Solo cuando se fue me di cuenta de la imposición que suponía su presencia. No podríamos haberlo soportado como familia durante mucho más tiempo.

Si otra persona traspasa repetidamente tus límites, si se aprovecha de ti, se ríe de ti en tus narices y solo te hace daño, entonces debes ser consecuente. Sepárate de esa persona. Por ejemplo:

- Pon fin a una amistad cuando la otra persona solo te utilice para volcar en ti sus miserias y no se interese lo más mínimo por tus preocupaciones.
- Pon fin a una relación laboral si un jefe te explota hasta la extenuación, aunque le hayas mostrado tus límites.
- Termina una relación sentimental si la otra persona te trata como basura, si sigue engañándote, aprovechándose de ti, maltratándote..., o si solo hace valer sus deseos, pero nunca escucha los tuyos.

Mientras descartes separarte de alguien, no hay limitación consecuente posible. Entonces careces de autoridad, como un jefe que todo el mundo sabe que no puede despedir a nadie, pase lo que pase. Entonces todo el mundo hace lo que quiere, porque no hay consecuencias para él.

La autoridad requiere de la voluntad para trazar un guión claro cuando sea necesario. Esta es una gran oportunidad para ti. Sustituye a toda persona que te perjudique por alguien que te haga bien. Te prometo que florecerás y sacarás más partido a la vida.

Revisa tus contactos y pregúntate:

- ¿Qué personas me dan energía?
- ¿Después de qué reuniones me siento mejor?
- ¿Quién me inspira y respeta?
- ¿A qué persona echo de menos cuando hace tiempo que no la veo?
- ¿A quién me gustaría ver más a menudo?

Son personas con las que deberías pasar más tiempo, así que hazles un hueco y pregúntate ahora:

- ¿Quién absorbe mi energía?
- ¿Después de qué reuniones me siento peor?
- ¿Quién me está menospreciando y faltando al respeto?

- ¿Qué persona me alegro de que no se ponga en contacto conmigo durante un tiempo?
- ¿A quién me gustaría ver con menos frecuencia?

Deberías expulsar a estas personas de tu vida. Cuando tocas una olla que está demasiado caliente, retiras la mano a la velocidad del rayo para no hacerte daño. Entonces, ¿por qué deberías seguir en contacto con personas que también te hacen daño? La retirada está permitida, y una sola frase basta como explicación: «Tengo la sensación de que nuestra relación no es buena para mí. Por eso no quiero seguir teniendo contacto contigo».

¿Y si la separación no es posible? Por ejemplo, no puedes enviar a tu vecino a la luna. O castigar a tu jefe. O echar a tu colega del club sin ayuda de nadie. Entonces, debes evitar a esa persona. Reduce el contacto al mínimo. Interrumpe rápidamente el contacto. Y nunca permitas que te utilicen para los intereses de la otra persona.

Los vampiros emocionales son sorprendentemente fáciles de expulsar. Cuando se dan cuenta de que ya no pueden seguir exprimiéndote, buscan nuevas víctimas. Y tú te liberas.

Mi prueba de amabilidad

SOLO ENTRE DIFAMADORES

La situación: De la sala de café salen risitas. Entro y cojo una botella de agua mineral de la nevera. Enseguida me doy cuenta de qué hablan mis compañeros: de Nina, nuestra jefa. Se están burlando de ella. Uno de ellos dice:

—Es tan mandona como un hombre. Lo único que le falta es la barba. —Uno de ellos imita a la jefa en un tono de voz grave.

Estoy a punto de marcharme de nuevo cuando se me acerca uno de ellos.

—Es realmente estúpida, ¿no crees, Martin?

Me cae bien la jefa, pero me doy cuenta de que esta opinión podría hacerme muy impopular. ¿Qué debería decir ahora?

Ejercicio: ¿Cómo habrías reaccionado tú en mi lugar?

____

____

____

Mi reacción: Le digo al compañero que se me acercó:

—El otro día me dijo que valora mucho tu trabajo. Le pareció muy bien que te mantuvieras al pie del cañón con el proyecto de EE UU.

Al principio, se queda sorprendido, pero la alegría se extiende por su rostro:

—¿De verdad ha dicho eso?

Le digo que sí y salgo de la sala.

Evaluación desde la perspectiva actual: Volvería a hacerlo.

Comentario: Elijo una variante diplomática pero muy eficaz. En lugar de defender directamente a la persona atacada, le transmito un mensaje positivo.

Los difamadores se dan cuenta de que es injusto hablar mal de alguien que habla bien de ti. Así, no parezco un pardillo ni el favorito de la jefa, sino que permanezco neutral.

La trampa de la amabilidad: Si se espera que una persona amable mantenga una opinión determinada, a menudo la mantiene, por miedo a ser marginada. Yo también podría haber criticado esto o aquello de mi jefa, pero me hubiera sentido muy desleal al hacerlo.

Mi lección: Digan lo que digan los demás, no solo mantente fiel a ti mismo, sino también a las personas que significan algo para ti.

7

Aprende a decir que no: cómo rechazar las imposiciones

En este capítulo aprenderás...

- los diez trucos repugnantes con los que te manipulan para que digas que sí,
- cómo dos cartas sobre el suelo puede ayudarte a decir que no,
- cómo poner en práctica una guía perfecta para ayudar a las personas amables a decir que no,
- cómo una estudiante se desnudó por completo ante un completo desconocido solo porque no quiso decirle que no.

Por qué «No» es la peor palabra del mundo

Un día, una estudiante llamada Andrea llamó al presentador radiofónico Jürgen Domian (de la WDR), para contarle una cosa increíble que le había sucedido en el centro de Fráncfort[70]. Estaba de compras por la ciudad cuando un joven estudiante de etnología se le acercó en la concurrida zona peatonal.

—Estamos haciendo una encuesta sobre el tema de la espontaneidad y visibilización del cuerpo. ¿Eres espontánea?

Andrea dijo que sí, porque no quería que la vieran como alguien poco natural. El joven le hizo algunas preguntitas antes de querer saber de qué color era su ropa interior. Ella era demasiado amable para rechazar la pregunta:

—Negra.

A lo que el estudiante continuó:

—¿Puedes demostrarlo?

Y ella respondió automáticamente:

—Sí, claro que puedo demostrarlo.

El estudiante la dejó escoger un lugar. Ella le propuso ir a una tienda de ropa. «Entonces entré en el probador y me desvestí. Él estaba de pie al otro lado [...] Y yo pensaba para mis adentros "¿De verdad vas a hacerlo?"». Entonces se quedó en bragas y en sujetador, y él echo un vistazo».

Jürgen Domian se horrorizó. «¿Estás loca, Andrea?». Ella respondió que «no estaba en sus cabales» en ese momento. ¿Cómo pudo ser tan ingenua como para tragarse esa historia? Naturalmente, el supuesto estudiante desapareció inmediatamente después de ver lo que andaba buscando.

Si ya es difícil rechazar la dudosa petición de un completo desconocido, ¿cómo de difícil es rechazar las peticiones de personas de confianza? ¿A quién le resulta fácil decirle que no a un cliente importante, a su propio jefe, a un amigo de toda la vida o a una pareja sentimental?

«No» es una palabra que a la gente amable se le atraganta. Todos sabemos lo que le pasó a Andrea. Alguien quiere algo de nosotros; nuestra alarma interior salta porque algo no cuadra y, aun así, no conseguimos tomarnos esta señal de alarma interior (¡Di que no! ¡No quieres esto!) más en serio que la expectativa exterior (¡Di que sí! ¡La otra persona espera que lo hagas!).

Psicológicamente, esto es sumamente interesante. Exteriorizamos nuestra decisión. Estamos tan obsesionados con la otra persona que perdemos el contacto con nuestro mundo interior. Decidimos desde la perspectiva de la otra persona. Andrea no se quita la ropa porque ella quiera, sino porque él quiere.

Las personas amables creen que decir que no es grosero, una imposición a la otra persona. Suponen que ofenderán a la otra persona y la pondrán en su contra. Decir que no les parece un acto despiadado, un esfuerzo egoísta en solitario que a menudo tiene que ver con la autonegación, con una autoexigencia exagerada[71]. Los que no están a la altura de sí mismos quieren estar a la altura de las exigencias de los demás para no sentirse perdedores en ambos ámbitos.

Para las personas amables, decir «no» tiene connotaciones negativas, por eso rara vez lo hacen. Sin embargo, cuando consigues asociar el «no» a una historia más positiva, se te abren nuevas posibilidades.

Por qué «No» es la mejor palabra del mundo

—Realmente no sé qué se supone que tengo que hacer en China —me dice Ramona Seidel (28).

A su marido, ingeniero en una empresa internacional, le habían ofrecido un puesto en China durante un año.

—Él espera que me vaya con él —continúa Seidel—. Y lo entiendo perfectamente, yo tampoco querría irme sola a otro continente.

Por otro lado, como periodista para una revista femenina, ella estaba a punto de ser ascendida a jefa de personal. China no le ofrecía perspectivas profesionales.

Durante la sesión de asesoramiento, quería saber qué decisión sería la correcta. Me di cuenta de que hablaba casi exclusivamente de su marido; de lo decepcionado que se sentiría si ella no le acompañaba. La invité a hacer uno de mis ejercicios favoritos.

Para ello, coloqué una gran cartulina en el suelo y escribí en ella con letras gigantes: «¡Un «no» perjudica a todos!». Luego le pedí a Ramona Seidel que se colocara sobre la cartulina y explicara por qué no podía decirle que no a su marido bajo ninguna circunstancia. Empezó inmediatamente:

—Soy su mujer. Le quiero. No puedo dejarle tirado. Una negativa sería como decirle que no significa nada para mí. Un «no» significaría: «Seguiremos caminos separados durante un año». Eso podría ser el principio del fin. Si dejo que se mude solo a un país lejano podría preguntarse si soy la persona adecuada para él. Quiero decir... cuando dos personas se aman, quieren estar juntos tan a menudo como sea posible. Decirle que no sería una muy mala señal.

Continuó en el mismo tono durante diez minutos. Imaginaba todo tipo de escenarios terribles como, por ejemplo, que su marido se enamorara de una china («Si le dejo ir solo, no podría culparle»), o que cayera en una depresión por su ausencia, o que tuviera algún accidente en casa («el pobre es tan torpe...»).

Cuanto más la escuchaba, más me parecía su «no» como un puñal que simplemente no quería clavar en el corazón de su amado esposo.

Luego escribí en una nueva cartulina: «¡Un "no" beneficia a todos!». Y le pedí que se colocara sobre esta cartulina.

—Imagina que tu negativa es una buena acción. Que no hay palabra mejor ni más social en todo el mundo. Explica por qué sería bueno para ti decir «no»; para ti, para tu marido, para todos.

Se quedó de pie, impotente, tratando de hallar las palabras. Empezó a hablar varias veces, pero volvió a callarse. Tardó dos minutos en empezar a hablar.

—Bueno, un «no» sería bueno para mí porque no dejaría escapar una buena oportunidad profesional. Además, podría quedarme donde están mis amigos y donde me gusta estar, que es en esta ciudad. Y no tendría que aburrirme en China durante todo un año.

Dio unos cuantos argumentos más hasta que le pregunté cómo podía beneficiarse su marido de su negativa a acompañarle. De nuevo necesitó un poco de tiempo, y luego dijo:

—Creo que él preferiría un «no» sincero a un «sí» fingido. Quiero decir, ¿de qué le serviría que yo le acompañara a China, pero una vez allí estuviera triste y de mal humor? ¿O si más tarde le digo que he sacrificado este año por él, que me ha hecho perder mi oportunidad de convertirme en jefa de personal? Quizá decir que no haga que nuestra relación sea más emocionante porque nos veremos menos a menudo. Creo que él quiere una mujer segura de sí misma y no alguien que solo esté de acuerdo con él.

Cuanto más hablaba de las ventajas de decir «no», más animada se ponía. El «no», que minutos antes era un puñal verbal, había perdido su filo, porque ahora ella lo veía con nuevos ojos.

Por cierto, la historia dio un giro interesante. Cuando Ramona Seidel se negó amable pero firmemente a ir a China, su marido le dijo: «¿Sabes qué? Entonces lo cancelaré. Quiero estar cerca de ti. Además, hay interesantes oportunidades profesionales para mí aquí en la central».

Ni siquiera se le había ocurrido que su marido también podía echarse atrás y evitar la separación. Cuando volví a verla dos años después, me dijo que decir «no» había sido un revulsivo para su relación. Ahora, cada vez que sopesaba si decir «sí» o «no», siempre se imaginaba la cartulina con las ventajas en el suelo. «Yo antes solo podía ver lo malo y perjudicial que es decir que no, pero después de aprender este truco, también me doy cuenta de sus ventajas. Hoy me resulta mucho más fácil decir que no a los demás».

Realiza este ejercicio y escribe tres situaciones en las que te resulte difícil decir que no. Y luego completa la siguiente frase: «Decir que no nos beneficia a todos porque…». Anota las razones a favor de decir «no», también desde la perspectiva de la persona a la que se lo dices. He aquí un ejemplo de la vida real:

Situación en la que me resulta difícil decir «No»

Con frecuencia, cuando voy a comprarme ropa las dependientas me preguntan si pueden aconsejarme. Y como no sé decir que no, lo hacen. Eso siempre me hace sentir incómoda. A veces incluso me dejo convencer para comprar ropa que no me gusta en absoluto. Y luego tengo que pasar por el trago de devolver la prenda.

Una negativa beneficia a todos porque…

… las dependientas y yo tenemos el mismo interés: que me sienta cómoda al comprar y tome las decisiones correctas. Puedo hacerlo mejor si elijo y me pruebo la ropa sola y sin ser observada. Así disfruto más comprando y elijo mejor, y la tienda se beneficia porque hago menos devoluciones.

Ahora te toca a ti.

Situación 1, en la que me resulta difícil decir que no:

Un «no» beneficia aquí a todos porque…

Situación 2, en la que me resulta difícil decir que no:

Un «no» beneficia aquí a todos porque…

Situación 3, en la que me resulta difícil decir que no:

____

____

____

Un «no» beneficia aquí a todos porque…

____

____

____

Decir que no es siempre tan difícil o tan fácil como tú lo hagas. Si crees que estás apuñalando a la otra persona en el corazón con tu negativa, no harás nada, pero si reconoces que la sinceridad puede beneficiar a todos los implicados, es más fácil y natural decir que no. Depende de ti darle a tu «no» un marco psicológico, un encuadre favorable[72]. Si te dices a ti mismo: «¡Rechazo el cuarto deseo de los demás!», puede que te sientas incómodo, porque estás poniendo el foco en el rechazo, y eso va en contra de la imagen que tienes de ti mismo. Si, por el contrario, te dices: «De cada cuatro deseos, estoy de acuerdo con tres», puedes vivir mejor con ello, aunque el contenido no cambie.

Créeme, tu actitud interior se extenderá al mundo exterior. Cuanto más naturalmente digas que no, con más naturalidad te aceptarán.

Cómo te manipulan en secreto

Hay personas que quieren secretamente que bailes a su son. Utilizan mensajes subliminales y presión psicológica para que te muestres complaciente como una buena persona. Todo ello para que el «no» que tienes en la punta de la lengua acabe convirtiéndose en un «sí».

Solo cuando conozcas los trucos de los manipuladores podrás defenderte de ellos. Por eso voy mostrarte las técnicas de manipulación más repugnantes que utilizan los demás para obligarte a decir que sí, y te daré estrategias para contrarrestarlas.

Manipulación 1: El elogio

En una reunión de la asociación a la que perteneces, te elogian por haber hecho tanto por la juventud en el pasado: «Todo la asociación te está agradecida por tu compromiso con las futuras generaciones», dice el presidente. Al mismo tiempo, te pide que te hagas cargo de otro grupo de jóvenes, aunque ya estés trabajando al máximo de tu capacidad.

El truco: El elogio funciona como el azúcar en una medicina amarga, para que tragues con lo que no te gusta y te comportes como quieren en el futuro. De lo contrario, corres el riesgo de que te retiren el elogio («Al final, parece que no estás tan comprometido con la juventud»).

Contraestrategia: Agradece los elogios y conviértelos en un argumento para decir que no: «Gracias por reconocer mi compromiso con el trabajo con los jóvenes. Precisamente porque ya tengo una gran carga de trabajo, no quiero asumir nada más por ahora».

Manipulación 2: Expectativa positiva (el camino del «sí»)

Cuando a la estudiante Andrea le preguntaron si era espontánea, se dio cuenta de que el entrevistador quería oír un «sí». Así que se vio atrapada. ¿Cómo podía, siendo una buena persona, rechazar las preguntas acerca de su ropa interior sin sentirse como una mentirosa?

El truco: Primero te hacen preguntas a las que respondes afirmativamente en obediencia anticipada como, por ejemplo, si estás abierto a nuevas ideas, eres flexible en tu forma de pensar o estás comprometido con tu empresa. Y una vez que has entrado en el camino del «sí», como lo llaman los vendedores, el viaje continúa en una dirección que te perjudica a ti, pero beneficia a quien te pregunta, ya sea para que compres algo, aceptes algún tipo de imposición o hagas horas extra.

Contraestrategia: Reafirma tu primera respuesta, pero señala que la nueva exigencia va demasiado lejos para ti. «Puede que sea espontáneo, pero eso no significa que hable de mi ropa interior con el primer desconocido que me encuentro por la calle».

Manipulación 3: Retirada (amenazada) del afecto

Tu pareja te dice: «Si de verdad me quieres, renunciarás a esa afición tuya que te quita tanto tiempo». O tu jefe te dice: «Si eres realmente leal, no hagas preguntas, limítate a hacer el trabajo».

El truco: Se tiene la sensación de que al decir «no», se pone en peligro o incluso se destruye la relación con la otra persona. La emoción y la materia están inadmisiblemente entrelazadas.

Contraestrategia: Señala que la buena relación no es motivo para una respuesta complaciente, sino al contrario. Precisamente porque te quiero, deseo darte una respuesta sincera...». O bien: «Precisamente porque soy leal, quiero preguntarte acerca de...».

Manipulación 4: Exclusión social

Tu jefe te dice: «Claro que estás en tu derecho de no asistir a la fiesta de Navidad, pero no creo que eso te deje en buen lugar dentro del equipo. Piénsatelo bien». O tu vecino te dice: «Si no vienes a la fiesta, te convertirás en un marginado».

El truco: Se agita en tu interior un profundo miedo. Temes perder apoyo, que te marginen y quedarte solo. Como si tu «no» fuera la puerta de entrada a una celda de aislamiento de la que no podrás salir en mucho tiempo.

Contraestrategia: Deja claro que el afecto de los demás no depende de un único «sí». «Tengo una buena relación con mis compañeros que ha crecido a lo largo de muchos años. Por eso estoy seguro de que entenderán mi decisión».

Manipulación 5: Hacerse el ofendido

Un amigo te llama y quiere quedar contigo esa misma tarde. Le dejas claro que no es una buena idea, a lo que él responde: «Si realmente te importo tan poco que prefieres quedarte en casa, es tu decisión, por supuesto».

El truco: Te están chantajeando emocionalmente otra vez. La otra persona finge sentirse ofendida por tu negativa. Espera que no puedas soportar esta idea y que termines aceptando.

Contraestrategia: Rechaza su mala interpretación y vuelve cuidadosamente su propia estrategia contra él (aquí en la última frase): «Sin duda eres importante para mí. No obstante, eso no cambia el hecho de que ya tengo otros planes para esta noche, y si yo soy importante para ti, lo entenderás».

Manipulación 6: Dar por sentado el «sí»

Un amigo te llama y te dice: «Harás tu legendaria ensaladilla de patata para la barbacoa, ¿verdad? ¡Ah! y, por favor, trae también un poco de cuajada y tu deliciosa tarta de manzana».

El truco: Ni siquiera te pide tu consentimiento (¡lo que te daría la oportunidad de negarte!), sino que lo da por sentado, como si fuera lo más natural del mundo que hagas lo que se espera de ti.

Contraestrategia: Haz saber qué exigencias te están imponiendo y di claramente lo que quieres cumplir y lo que no: «¿Me estás pidiendo que prepare tres cosas para la barbacoa? ¿Ensaladilla de patatas, cuajada y tarta de manzana? Te prometo una de ellas: la ensaladilla».

Manipulación 7: Minimizar la exigencia

Un compañero de trabajo se te acerca: «Hay una cosita en la que podrías ayudarme...» Sin embargo, lo que está a punto de enumerar suena como una montaña de trabajo. O bien un amigo te pide que le recojas y le lleves en coche: «Es solo un pequeño desvío para ti...». Según tus cálculos, ¡son 30 kilómetros!

El truco: La otra persona minimiza su exigencia. Esto te pone bajo presión moral. Si dices que no de todos modos, podrías parecer mezquino y egoísta (¡y él sabe cuánto temes esto!).

Contraestrategia: Deja claro que tu decisión no depende del tamaño de la petición, sino de otras consideraciones importantes. «Independientemente de lo pequeña o grande que sea la tarea (o el desvío), en este momento no me viene nada bien, apenas tengo tiempo».

Manipulación 8: Exigencia indirecta

Si haces una petición, te arriesgas a que te digan que no. Sin embargo, si consigues que ofrezcan su ayuda por su cuenta, evitas este riesgo. Unas pocas indirectas suelen bastar para que te lances a la acción. Por ejemplo, tu jefe dice: «Todavía no sé quién se va a encargar del periódico de aniversario. ¡Ojalá encuentre a alguien pronto!».

El truco: Están tratando de incitarte a levantar la mano voluntariamente porque no soportas que la otra persona lidie sola con su problema.

Contraestrategia: No muerdas el anzuelo, pero di una frase amistosa que enfatice tu neutralidad como: «Espero que encuentres una buena solución, mantendré los oídos bien abiertos».

Manipulación 9: Derecho consuetudinario

Durante muchos años has limpiado lo que ensuciaban tus hijos. Ahora que son un poco mayores, le exiges más autonomía. Sin embargo, tu hijo dice: «Siempre has hecho esto por nosotros y nunca ha supuesto un problema». O bien todo el mundo en tu empresa sabe que te ocupas de los becarios además de tus tareas principales. Cuando un día, sometido a una gran carga de trabajo, te niegas, tu jefe te dice: «Pero eso siempre ha formado parte de tu trabajo».

El truco: El hecho de que hayas dicho que sí en el pasado significa que los demás tienen derecho a ello en el futuro. Te hacen sentir culpable, como si al negarte les estuvieras quitando lo que es suyo por derecho.

Contraestrategia: Deja claro que el hecho de haber accedido anteriormente no te obliga a continuar, más bien, al contrario. «Precisamente porque llevo ocupándome de los becarios durante tantos años, además de todo el resto del trabajo, creo que ya es hora de que lo haga otra persona».

Manipulación 10: El truco de la excepción

Has acordado con tu hija que tiene que estar en casa como muy tarde a las once de la noche. Sin embargo, ahora delante de ti poniendo cara de pena. «Por favor, por favor, haz una excepción. Déjame llegar hoy una hora más tarde porque...».

El truco: Se trata de que renuncies a tu «no» poco a poco. No siempre, sino solo en esta ocasión ¿O de verdad quieres insistir obstinadamente en tu negativa? Sin embargo, cada excepción que haces suaviza tu «no», hasta que al final este se convierte en la excepción.

Contraestrategia: Insiste en tu negativa y explica que en los acuerdos no caben excepciones: «Acordamos las once de la noche para no tener que negociar cada caso. Y así se queda».

Guía para ayudar a las personas amables y buenas a decir «No»

Nadie piensa en sentarse al piano y dominarlo enseguida. Todo el mundo se da cuenta de que tiene que ir aprendiendo poco a poco. ¿Por qué iba a ser diferente cuando se trata de decir que no? Aquí también hay un teclado complicado y muchos matices y tú, como buena persona, estás calibrado para decir que sí, lo cual hace que te resulte especialmente difícil negarte. ¿Cómo puedes practicar tus habilidades para decir que no? Trata de interiorizar los quince trucos siguientes.

1. Considera cada oportunidad de decir «No» como una oportunidad de crecimiento personal

Tal vez hasta ahora hayas estado cruzándote de acera cada vez que se presenta una situación en la que tienes que decir que no. Te imaginas poniendo a la otra persona en tu contra y cayendo en desgracia con ella. ¿Qué tal si te centras en la oportunidades que esto representa? Por ejemplo, podrías decirte a ti mismo: «¡Qué gran oportunidad! Ahora puedo demostrar que soy fiel a mí mismo. Con cada negativa, defiendo mis necesidades, mis objetivos y mis sueños. Crezco con cada "no" porque lucho por mis intereses. Esto aumenta mi autoestima y me aseguro el respeto de los demás. Así que gracias por esta oportunidad de decir "no", ¡me alegro de poder aprovecharla!». Este planteamiento tiene varias ventajas. En primer lugar, decir que no te resulta atractivo. Y, en segundo lugar, emites la señal de que decir «no» es un proceso natural para ti. Los manipuladores no tendrán tanta suerte en el futuro.

2. Enfócate hacia dentro (en lugar de hacia fuera)

La mayoría de las personas amables a las que se les escapa un «sí» no están totalmente en contacto consigo mismas en ese momento. En lugar de escuchar lo que ellos mismos quieren, se centran en la otra persona: «¿Qué quiere esta persona de mí? ¿Qué supondría para ella mi negativa?». Deciden sobre esta base. Es como un juez que dicta sentencia, aunque solo haya escuchado a una de las partes.

Presta atención a un proceso justo de toma de decisiones. Si alguien quiere algo de ti, pregúntate a ti mismo:

- ¿Yo también quiero eso?
- ¿Encaja en mis planes?
- ¿Me sentiré bien al hacerlo?
- ¿Cómo reacciona mi cuerpo?

Una de mis clientas se ha dado cuenta de que a menudo aprieta el puño en el bolsillo sin dejar de decir que sí, y haciéndose estas preguntas ha podido averiguar antes lo que quiere y expresarlo con un claro «No».

3. Date cuenta de que tu autoestima crece (no disminuye) cuando dices que «No»

¿De qué depende una autoestima sana? No de lo que los demás piensan de ti, sino de la opinión que tienes tú de ti mismo. Cada «Sí» en contra de tus convicciones socava tu autoestima. Cada vez que aceptas hacer algo por compromiso, te encojes por dentro, ya que no te tomas en serio ni a ti mismo, ni a tus deseos e intereses.

Puedes conseguir el efecto contrario si defiendes tus propias necesidades. Cada vez que rechazas una imposición, crece tu coraje. Cada vez que le dices que no a alguien, crece tu confianza en ti mismo. Por ejemplo, puedes decirte a ti mismo: «Cuando digo que no, estoy haciendo algo bueno para mi autoestima. Que los demás piensen que soy bueno o malo es cosa suya. Cuanto más me gusto a mí mismo, menos dependo de ellos. Una autoestima alta me ayuda en esto».

4. Date cuenta de que detrás de cada «No», se esconde un gran «Sí» a tus necesidades

No es una palabra que suena a bloqueo, a rechazo, pero, ¿es realmente cierto este punto de vista? Veámoslo desde otra perspectiva. Cada «No» que dices a los demás es un «Sí» a ti mismo.

- Un «No» a las horas extra es un «Sí» a algo más grande, como una tarde con los amigos.
- Un «No» a una invitación es un «Sí» a algo más grande, como un período de descanso.
- Un «No» a un ascenso es un sí a algo más grande, como más tiempo para la familia.

La idea fundamental es que te manifiestes a favor de tus propias necesidades, no en contra de las de los demás[73]. ¿Qué pasa si empiezas a ver el «No» como una palabra constructiva que te ayuda a organizar tu vida, a gestionar tu tiempo y a establecer prioridades? Esta forma de replantearse su significado[74], esta nueva forma de ver la palabra, puede hacer que decir «no» sea divertido, en lugar de frustrante. Pruébalo.

5. No cargues con la mochila de otra persona

Las buenas personas atraen los problemas de los demás. Por ejemplo, un compañero se ha endeudado porque vive por encima de sus posibilidades. Ahora se planta en tu mesa y te pide que le prestes dinero (¡aunque todavía te debe el dinero que le prestaste la última vez!). Y tú piensas inmediatamente: «Si no le doy el dinero, puede que se quede sin comer esta noche. O no podrá comprar un billete de autobús para su hijo. O le cortarán la luz».

Este pensamiento social habla a tu favor, pero ayudar a otros a salir de apuros suele reforzar el comportamiento que te metió en problemas. Por ejemplo, tu compañero utiliza el dinero que le prestaste para seguir engañándose a sí misma y no se da cuenta de que tiene que bajar su nivel de vida, que no es realista.

Después de veinte años como asesor profesional y personal, puedo asegurarte que lo más responsable socialmente es dejar que una persona asuma la responsabilidad de su vida, y no quitársela. Solo hay una palabra que ayude aquí: «No».

6. No te dejes avasallar, tómate tu tiempo

Alguien se abalanza sobre ti con la pregunta: «¿Me harías el favor de...?», y te quedas atónito al darte cuenta de cómo se te escapa un «Sí». Unos segundos más tarde te enfadas. «¿Cómo he podido decir que «Sí»? ¿Por qué no dije que «No»?».

Las personas sensibles suelen tener la sensación de que su pensamiento se adapta a la otra persona durante la conversación y sus propias ideas llegan demasiado tarde[75]. El «Sí» deseado, que la otra persona atrae como un imán, llega a sus labios más rápido que el «No» percibido, que madura lentamente desde dentro.

Imagina que en tu cabeza hay dos cajones: uno que se utiliza a menudo, que está abierto, y otro que se utiliza poco, que está cerrado y se atasca un poco. Cuando respondes bajo presión, metes la mano automáticamente en el cajón abierto. Allí te encuentras con el vocabulario por el que has sido recompensado por padres y profesores: «Sí», «Está bien», «No hay problema», «Lo haré», «De acuerdo».

En cambio, tendrías que dedicar bastante más concentración y tiempo para abrir el segundo cajón, atascado, donde encontrarás frases como: «No», «Paso», «De momento, no», «Tengo otros planes», «No me apetece».

¿Cómo puedes ganar tiempo para sacar este cajón (aún) desconocido? Pues diciendo: «Déjame pensarlo un momento, ahora vuelvo». Asegúrate de expresarlo como una afirmación y no como una petición que la otra persona podría rechazar (¿Puedo tomarme un momento?). A continuación, recupérate mentalmente, abre ese cajón y, si es necesario, saca un «No» firme con el que enfrentarte a la otra persona. Esta tranquilidad y decisión te darán mucha confianza.

7. Responde de forma amable y agradecida

Las personas amables suelen pensar de forma extrema. Si digo que sí, los demás me perciben como sociable, simpático y abierto. Pero si digo que no, me ven como un borde, insolidario y egoísta. Al hacerlo, pasan por alto la oportunidad de decir que no de forma amable y respetuosa. Agradece la petición de la otra persona antes de decir que no, y termina con tus buenos deseos: «Gracias por tu invitación. Me alegro de que pienses en mí, pero ya tengo otros planes para esta noche. Espero que la fiesta sea genial».

Transmitir aprecio a alguien no depende de decir «Sí» o «No», sino de *cómo* lo digas. Un «No» sincero puede transmitir más respeto a la otra persona (y hacerte ganar más) que un «Sí» automático. Incluso las calabazas que le das a alguien pueden ser en forma de agradecimiento verbal.

8. Di «No» con cierta naturalidad

Muchas personas amables tienen remordimientos de conciencia cuando dicen que «No». «Lo siento mucho, pero no puedo ir. Espero que esto no trastoque mucho tus planes. Lo siento, de verdad, pero no es posible».

¿Qué impresión transmites cuando te «disculpas» por decir que no? Que estás (literalmente) «culpándote» y pidiendo perdón. Pero no lo conseguirás, porque la otra persona percibirá una segunda oportunidad. «¡Sí, me estás fastidiando los planes! Todos los demás invitados han aceptado. Vamos, ¡haz el esfuerzo!».

Di que no de forma amistosa, firme, pero sin disculparte. La naturaleza de una invitación es que puedes rechazarla, de lo contrario, no sería una invitación. Y la naturaleza de una petición es que no tienes que cumplirla; de lo contrario, sería una orden. Al decir que no, no asumes ninguna culpa, sino que ejerces tu derecho. También debes enviar esta señal.

9. Envía mensajes claros a través del lenguaje y del cuerpo

Si dices «En realidad, no», la otra persona entenderá «Quizás, sí». Si sonríes mientras rechazas algo, estás enviando el mensaje «Mi voluntad no es firme». Y si te pellizcas nerviosamente la barbilla o haces rodar un bolígrafo sobre la mesa que tienes delante, la otra persona se dará cuenta. «No estoy seguro, tal vez diga que sí después de todo».

Cada vez que envías un doble mensaje, el destinatario oye lo que quiere oír: un «sí» a medias. Lo ven como una invitación a seguir presionándote para que acabes cambiando de opinión.

Por eso es tan importante transmitir el mensaje con claridad. Investigadores de la Universidad de Wisconsin han descubierto la forma más eficaz de decir que no a una petición: de forma breve, concreta y sin largas explicaciones[76]. Lo ideal es que tu respuesta empiece con un «No», por ejemplo, «No, no me viene bien este fin de semana. Tengo otros planes». Esta señal verbal de *stop* no deja lugar a interpretaciones.

Evita los condicionales y los suavizantes lingüísticos como «quizás» o «en realidad». Cuanta más resistencia esperes, más específico deberás ser. Una versión suave funciona personas comedidas: «No, no me parece apropiado». Las personas exigentes, en cambio, entienden mejor las palabras claras: «No, eso está fuera de lugar», «No, ni hablar», «No, de ninguna manera». Este tipo de formulaciones lo dejan claro; tu «no» es inamovible, no hay lugar para la negociación.

Asegúrate de hablar en un tono de voz grave. Un lenguaje corporal restringido, como los brazos cruzados delante del pecho, puede enfatizar el mensaje verbal. Mantén el contacto visual cuando digas que no. Y asegúrate de estar físicamente al menos a la altura de los ojos de tu interlocutor. Si se echa hacia adelante sobre tu mesa, ponte de pie para decirle que no. No dejes que te mire por encima del hombro.

10. Muéstrale a la otra persona lo que consigue con tu «No»

Si tu jefe quiere obligarte a hacer horas extras a pesar de que ya estás agotado, ¿cómo reaccionas? Por supuesto, puedes justificar tu negativa diciendo que estás agotado y necesitas descansar. Sin embargo, es más inteligente tener en cuenta las ventajas para la otra persona, que debe darse cuenta de que tu negativa también le beneficia a ella: «Estoy completamente agotado en este momento. Necesito terminar el trabajo ahora para poder recuperarme». *(Empiezas con tu propia perspectiva y luego tiendes un puente hacia la otra persona).* Así podré volver al trabajo mañana con plena concentración. No podemos permitirnos cometer errores en este proyecto tan importante» *(insinúas que continuar trabajando en estas condiciones sería peligroso, porque podrían producirse errores).*

A algunos jefes les da igual que sus empleados descansen bien o no, pero todos los jefes quieren tener empleados productivos y evitar que se produzcan errores en el trabajo, pues tendrían que asumir la culpa.

Antes de decir que no, pregúntate qué ganará la otra persona con ello e incluye este aspecto. Así no le parecerás insolidario, y reduce la probabilidad de que tengas que hacer frente a mil objeciones.

11. Convierte tu «no» en un baluarte sin fisuras

¿Qué hace un niño cuando se le niega un deseo importante? Dice: «¡Por favor, por favor!» para ablandarte. Los adultos se comportan de la misma manera. Un «no» se considera un punto de partida para la negociación. Vamos a ver si podemos llegar a un acuerdo.

Sin embargo, en ese momento acecha una trampa: como la otra persona está negociando, te acercas un poco más a ella y, según te vas acercando, te va arrastrando cada vez más hacia su terreno hasta que gana.

Por tanto. no te enzarces en una discusión, ya que suscita falsas esperanzas. No añadas nuevos argumentos, ya que esto suscita nuevos contraargumentos. Mejor repite tu «no» con la misma formulación, por ejemplo: «No, rotundamente no». Da igual los trucos retóricos que se le ocurran a la otra persona, ya sea amenazándote, apelando a tu amabilidad o reprendiéndote para que te comportes socialmente. Tú mantente en tus trece. «Rotundamente, no».

Esta técnica se llama «disco rayado»[77] y tiene la enorme ventaja de frustrar a la otra persona. Se da cuenta de que sus renovados intentos no surten efecto. Todo sigue igual, incluso las palabras que empleas. Pronto dejará de golpearse la cabeza contra tu muro retórico. Entonces habrás vencido.

12. Desarma la manipulación sacándola a la luz

«¿Podrías hacer una cosa importante para mí muy, muy rápido? A saber…». Si alguien se dirige a ti con estas palabras, y la «cosa» es algo más que un asunto sin importancia, entonces, es que quiere ponerte bajo presión para que busques en el cajón abierto del «sí» en lugar de tantear en el otro cajón en busca de un «No».

O bien un compañero de trabajo elogia tu «enorme talento para los idiomas extranjeros» cuando quiere que le traduzcas un documento. En este caso, el elogio busca servir de lubricante para tu «Sí».

¿Qué hacer si alguien intenta manipularte para que digas que sí? Un comportamiento que muestran sobre todo los narcisistas[78]. Si desenmascaras la manipulación, se desvanecerá. Por ejemplo, dile a esa persona: «Me estás presionando para que te dé una respuesta rápida. Quiero pensarme esta decisión con tranquilidad». O bien: «¿Estás alabando mis dotes lingüísticas porque crees que así será más probable que haga el trabajo por ti?». Y entonces la otra persona tiene que justificar su comportamiento, y tú tienes tiempo de recomponerte y encontrar una respuesta coherente.

13. Lanza una cortina de humo si hace falta

Cuando alguien intenta convencerte, se crea rápidamente un círculo vicioso. En cuanto le llevas la contraria a esa persona, se siente invitada a añadir más argumentos. Es como cuando empujas una pelota bajo la superficie del agua, que luego rebota hacia arriba con más energía. Un antídoto sencillo para decir que no: no contradigas los argumentos, pero reconoce que pueden ser correctos. He aquí una conversación a modo de ejemplo:

—No te arrepentirás de viajar a Nueva Zelanda —te asegura un amigo—. Es uno de los países más bonitos del planeta.

—Puede que sea uno de los países más bellos, pero no voy a ir.

—Pero todos nuestros amigos han dicho que sí. Demostrarías poco compañerismo si no vienes.

—Aunque parezca una falta de compañerismo, no voy a ir.

—Pero, ¿qué te pasa de repente? De pronto, te has vuelto un egoísta y no piensas para nada en el grupo.

—Tal vez esté siendo egoísta. En cualquier caso, no voy a ir.

Mientras sigas discutiendo argumentos, despertarás en la otra persona la ambición de seguir aportando otros nuevos. Si, por el contrario, concedes la posible validez de todos sus argumentos, se dará cuenta de que no hay nada que hacer. Se topará con una cortina de humo verbal. Por eso este truco retórico se llama «método de la cortina de humo»[79].

14. Remítete a tu ley interior: tus principios

La gente amable suele sentirse presionada para justificar su negativa, pero cualquier razón específica que des es discutible. Por ejemplo, tú dices: «No puedo ir a la fiesta porque ya tengo una cita». Y la otra persona responde inmediatamente: «¿No puedes cambiar la cita?». O bien: «No puedo prestarte mi coche, tengo que recoger a mi hija a las ocho». Y la otra persona responde: «Entonces, ¿por qué no me prestas tu coche a partir de las ocho y media?».

Por otro lado, tu argumento adquiere una cualidad irrefutable cuando haces referencia a tus principios: «Siempre paso las tardes de los miércoles con mi familia. Lo hemos decidido así, no hay excepciones». O bien: «No presto mi coche por una cuestión de principios. Ya se lo he dicho a otros que me lo han preguntado. Y ahora te digo lo mismo a ti». Un principio es una ley interior; cuando lo invocas, tu autoridad crece. La otra persona comprende rápidamente que no tiene sentido seguir intentándolo.

15. Ofrece una alternativa

Si dices que no, pero sigues queriendo ayudar a la otra persona, piensa qué alternativas puedes ofrecerle. Por ejemplo, alguien quiere convencerte para que os vayáis juntos de vacaciones y tú le respondes: «Eso no entra en mis planes, pero podemos quedar para cenar juntos algún día». O tu jefe busca urgentemente un gestor de proyectos. Tú te niegas y sugieres: «¿Por qué no hablas con Virginia? Hace poco me dijo que le gustaría otro proyecto nuevo».

Esta variante reafirma tu buena voluntad porque haces una propuesta constructiva, al tiempo que tu «No» sigue siendo indiscutible en este asunto.

Mi prueba de amabilidad

SACO DE BOXEO PARA LA TELEVISIÓN

La situación: Soy redactor jefe de una revista de estilo de vida cuando me llama la editora de un canal de televisión. Quiere que le busque una experta en belleza para un programa de entrevistas por la tarde. Le describo a una compañera que podría encajar muy bien. Está entusiasmada. Le digo que aún necesito el visto bueno de la dirección para mi propuesta. Entonces me pondré en contacto con ella.

La dirección se niega. Llamo a la editora con cargo de conciencia. Se pone furiosa y me grita: «¡Estás faltando a tu palabra! Nunca me había pasado algo así. Confiaba en ti». Me pilla por sorpresa y siento que se me acelera el corazón. Al mismo tiempo, me molesta su reacción: ¿qué hacer?

Ejercicio: ¿Cómo habrías reaccionado tú en mi lugar?

Mi reacción: Le digo a la redactora: «Acordamos que…». Pero ella sigue gritando. Intento justificarme varias veces, pero ella me interrumpe constantemente. Solo después de varios minutos —ya me pitan los oídos— consigo decir: «Lo habíamos acordado expresamente con reservas. Siento mucho que la dirección se opusiera». Ahora grita aún más fuerte: «¡Tu "lo siento" no me sirve absolutamente para nada!».

Evaluación desde la perspectiva actual: Debería haberme defendido de su tono agresivo, en lugar de hablar del contenido. «No se puede discutir de forma sensata si hablas a ese volumen. Me siento muy estresado en este momento». O bien: «Baja el volumen, así podremos discutir el asunto. De lo contrario, tendré que colgar».

Comentario: Cuanto más aguantaba su tono de voz, más legitimada se sentía para hacerlo. Y al disculparme con ella al final («lo siento mucho») me estoy lanzando completamente al abismo, mientras que la versión de hoy es sincera, establece límites claros y anuncia consecuencias. Esto me habría permitido distanciarme adecuadamente.

La trampa de la amabilidad: Si dices que no como buena persona, tienes mala conciencia. La editora debió de percibir lo incómodo que me sentí con el rechazo. Y como se dio cuenta de que yo estaba a la defensiva, se volvió cada vez más agresiva, como un depredador cuando alguien huye de él.

Mi lección: No dejes que te griten, aunque alguien esté enfadado contigo. Ellos son responsables de sus sentimientos, no tú. Respétate a ti mismo y los demás te respetarán.

8

Hacer carrera: cómo enseñar los dientes en el trabajo

En este capítulo aprenderás...

- por qué la modestia es el mayor obstáculo profesional del mundo,
- por qué la tarjeta de visita tiene mucha más importancia de la que le dan las personas amables,
- qué hacer si alguien te roba una idea,
- siete situaciones laborales en las que debes dejar a un lado tu amabilidad y enseñar los dientes.

Por qué la modestia obstaculiza tu éxito

¿Qué ocurre cuando los alumnos se ponen delante de la clase después de un examen y se les pide que evalúen su nota? ¿Son realistas las predicciones? ¿Son demasiado altas o demasiado bajas?

Ahora imagina que los alumnos hacen una predicción secreta en un papel además de la estimación delante de todos. ¿Crees que la nota que escriben coincide con la estimación pública? ¿O se desvía? En caso afirmativo, ¿en qué dirección: hacia arriba o hacia abajo?

Este experimento científico reveló que un número sorprendente de estudiantes varones hicieron en público una predicción optimista, por ejemplo, predijeron un notable para ellos mismos. Sin embargo, en el papel escribieron «suficiente». Por el contrario, la mayoría de las mujeres se calificaron públicamente a la baja. Las que habían escrito «sobresaliente», por ejemplo, solo predijeron un notable delante del grupo[80].

Es obvio por qué alguien querría inflar su nota de cara al público. Busca impresionar al grupo y no quedar en ridículo, pero, ¿por qué bajársela?

La explicación tiene que ver con la amabilidad que nos inculcan desde que somos pequeños, y que se da en las mujeres en dosis aún mayores que en los hombres, y que funciona más o menos así: «Quería evitar que los que suspendieron el examen se sintieran mal. Además, una buena predicción podría sonar a fanfarronada. ¿Y si al final mi resultado hubiera sido peor? Entonces algunos se habrían reído a carcajadas».

En la siguiente explicación encontrarás dos riesgos que dificultan el éxito profesional de las personas amables, tanto en el caso de las mujeres como el de los hombres:

1. Empatía asimétrica

Cuando muestras consideración hacia los demás sin que ellos la muestren hacia ti, pierdes terreno. Mientras que las alumnas hablan mal de sus buenas notas por sentido del tacto, sus compañeros se suben la nota por una necesidad de reconocimiento. Esto conduce a un doble sesgo. Una alumna que espera un 8 y rebaja su nota un punto, es percibida por el grupo como si tuviera un 7. Sin embargo, un alumno que espera sacar un 6,5 y la redondea al alza un punto, se presenta a sí mismo con un 7,5. De repente, el alumno ya no está 1,5 puntos por detrás, sino 0,5 puntos por delante.

Este comportamiento también tiene que ver con los roles de género. Los padres alientan más a los hijos varones a luchar por sus intereses y a dar su opinión abiertamente. A las chicas, en cambio, se las educa para ser más femeninas, modestas y tímidas[81].

En este examen las alumnas que se bajaron la calificación salieron indemnes. Sus exámenes fueron evaluados por profesores, siguiendo criterios objetivos. Sin embargo, ¿qué criterios se utilizan para juzgar el éxito en el mundo laboral? Por ejemplo:

- ¿Qué criterios se utilizan para medir el valor de una idea que alguien presenta en una reunión?
- ¿Qué normas objetivas pueden utilizarse para comprobar si un candidato es realmente apto para un puesto de trabajo (o solo finge serlo)?
- ¿Qué parámetros revelan si un proyecto ha sido realmente un éxito?
- ¿Qué sistema objetivo de puntuación puede utilizarse para juzgar si alguien merece o no un aumento de sueldo?
- ¿Cómo puede calificarse con decimales la calidad del diálogo con un cliente?

Lo cierto es que el éxito profesional no se basa en hechos, sino en impresiones subjetivas. El factor decisivo es lo que se queda grabado en el filtro de percepción de tu jefe; en caso de duda, lo que decanta la balanza es aquello que mejor se ajusta a la imagen que se tiene de ti[82]. El éxito profesional *no* se basa en tu rendimiento, sino en el rendimiento que transmites, en la imagen que creas. El rendimiento real solo representa una parte, todo lo demás depende de lo bien que te vendas y de lo buenos que sean tus contactos con las personas responsables en la toma de decisiones[83].

La autopromoción es a la carne lo que la vitamina B es a la cualificación. Si siempre te has preguntado cómo es posible que hayan ascendido algunos fanfarrones de tu empresa, ¡ahora ya lo sabes!

Muchos directivos están tan ocupados con su trabajo diario que apenas prestan atención a lo que hacen sus empleados. Únicamente conocen la mayoría de los resultados de su trabajo de oídas, tanto más cuanto mayor es la empresa. Que alguien sea considerado muy trabajador depende de cómo venda su trabajo. Las historias de éxito generan éxito. Es como si los profesores hubieran dicho: ¿Para qué vamos a corregir los exámenes? Nos guiamos por la autoevaluación de los alumnos.

Por eso las personas amables se quedan a menudo por el camino en la carrera profesional. Mantienen un perfil bajo porque subestiman su rendimiento; porque no quieren intimidar a nadie.

El otro día, la empleada de proyectos Anett Belchen (34) me contó que estaba disgustada con un compañero que no se había preparado bien para una importante reunión. «Utilizó una serie de cifras incorrectas, pero no le corregí. Eso le habría dejado en evidencia delante de todos». Perdió la oportunidad de destacar con su experiencia. Fue blanda con un compañero que no se lo merecía por su mala preparación, y que probablemente a la inversa la habría corregido a ella delante de todos y se habría distinguido a su costa.

Otra doble distorsión: el compañero queda inmerecidamente bien, mientras que Anett Belchen quedó mal injustamente, pues en lugar de destacar con una corrección experta, se hizo invisible permaneciendo en silencio. Adivina qué comportamiento tiene más probabilidades de ganar puntos con los superiores.

2. Modestia por inseguridad

¿Te imaginas lo desagradable que habría sido para los estudiantes predecir un 9 y luego obtener solo un 8? ¿Tú también tiendes a hacer previsiones demasiado prudentes para no decepcionar a nadie? En la vida profesional esto puede suponer:

- Prometes terminar un proyecto «antes de que acabe la semana», aunque estás seguro de que lo tendrás para el miércoles.
- Ofreces una previsión de ventas al mismo nivel del año anterior, aunque confías en lograr un aumento del 5%.
- Señalas posibles deficiencias a tu jefe cuando le entregas un trabajo («¡Todavía no está perfecto!»), aunque creas que tu trabajo es bastante bueno.

Este pesimismo irreal pretende reducir la presión de las expectativas. Si el jefe calcula que el proyecto estará terminado el miércoles, pero luego no está listo hasta el jueves, eso podría molestarle. Las personas amables y buenas no quieren decepcionar a nadie. Ponen el listón bajo para poder superarlo con más facilidad.

A menudo se frenan a sí mismas en el proceso. Cuando su voz interior positiva dice: «Puedes tener el proyecto para el miércoles», Mauli responde inmediatamente: «¡Sigue soñando! Siempre surgen dificultades imprevistas. Vas a quedar como un impresentable».

Además, la gente amable no quiere dejar mal a nadie. Por ejemplo, el representante de ventas piensa: «No puedo anunciar un aumento del 10% en las ventas. Eso sería ponerles presión a mis compañeros». O el jefe de proyecto piensa: «Mi compañero tardó cinco días en terminar un proyecto similar. Si consigo hacerlo en tres días, le dejaré en mal lugar».

Sin embargo, ¿cómo se comportan los competidores profesionales que no son tan amables y modestos? Anuncian que terminarán el proyecto el martes (aunque sea el jueves). Dicen que aumentarán la facturación un 15% (aunque se estanque); y entregan su propio trabajo a su jefe con estas palabras: «Con toda modestia; creo que está realmente bien, ¡disfrute leyéndolo!» La autoevaluación positiva eclipsa el mal resultado.

Si eres modesto, esto significa que cuanto más presumen los demás, más baja tu rendimiento; y los que te tienen en cuenta no te tendrán en cuenta en absoluto. Esto te perjudica a ti, pero también a tu empresa, porque se recompensa, se promociona y se lleva a la cima a las personas equivocadas. ¿Qué puedes hacer al respecto? Di de lo que eres capaz, no menos. Ponte en el lugar que te corresponde, defiende tu trabajo. Demuestra lo que tienes presentando tus resultados en las reuniones. Siéntete orgulloso de tus éxitos y házselo saber a tu jefe. Solo cuando todo lo que tienes que ofrecer sea visible en la balanza, tu empresa podrá responder de forma justa, por ejemplo, con un aumento de sueldo o un ascenso.

El fin justifica el cargo

Cuando dos representantes de una empresa se encuentran, se comportan como pistoleros del viejo oeste. Solo que no sacan sus pistolas, sino sus tarjetas de visita. En ellas no pone «vendedor», sino «director de ventas»; no «diseñador gráfico», sino «director artístico»; no «gestor de cuentas», sino «ejecutivo de cuentas»; no «consultor», sino «consultor senior». Eso suena enormemente importante. Y así es como debe sonar.

La gente amable odia estos juegos de estatus.

—No me defino por mi tarjeta de visita —dice Adrian Horvat (29) en la sesión. Su jefe le había ofrecido el cargo de «gestor de cuantas clave», pero él lo rechazó.

—¿Qué ganaría con eso? Sigo haciendo el mismo trabajo, eso sería presumir.

Le pregunté:

—¿Todos tus compañeros también se hacen llamar «responsable de cuentas», ninguno es «gestor de cuentas clave»?

—Sí, sí... Hay unas cuantas personas superimportantes que han conseguido arrancar este cargo de los labios de nuestro jefe. Esa es la única razón por la que me lo ofreció, imagino que por razones de igualdad de trato, pero no lo necesito.

—¿Qué es lo que realmente te molesta del término «gestor de cuentas clave»?

—¡Todo! También me ocupo de los clientes menos importantes. Y yo soy su persona de contacto para los asuntos cotidianos, así que estoy muy lejos del término «gestor».

—¿Y tus compañeros? ¿Merecen más el cargo de gestor?

Negó con la cabeza, indignado.

—Hacen el mismo trabajo que yo.

—Imagina que estás conociendo a nuevos clientes en una reunión. Y algunos compañeros les entregan sus tarjetas de visita donde pone «gestor de cuentas clave». Y entonces tú presentas la tuya de «representante de cuentas». ¿No te parecería extraño?

Torció el gesto.

—¿Se supone que ahora debo convertirme en un impostor solo porque los demás lo hacen?

—No, pero podrías preguntarte: «¿Qué efecto de señalización tiene el cargo que aparece en mi tarjeta de visita? ¿Por qué soy tan alérgico a la palabra "gestor", y hasta qué punto mi modestia me está cerrando el paso?».

Tardamos poco menos de una hora en averiguar qué era lo que más le echaba para atrás a Adrian Horvat: la idea de tener expectativas demasiado altas. Por ejemplo, imaginaba que los clientes esperaban de él descuentos y ventajas que, como gestor de cuentas, no podía conceder. Además, la idea de ser considerado «gestor de cuentas clave» entre sus colegas le resultaba muy embarazosa: «La mayoría de mis compañeros son representantes. Dirían: ahora se hace llamar "gestor"… ¿Está tratando de decirnos que ha conseguido más que nosotros?». Mucha gente amable se enfrenta a este dilema, incluso tiene un nombre científico: Síndrome del impostor[84]. Ascienden a un puesto importante o se relacionan con gente importante, pero su Mauli les susurra: «¡Van a darse cuenta de que no estás a la altura! Tu lugar no está aquí, no en estos círculos».

Entonces ocupan un puesto importante, pero sin ejercerlo. Tienen nuevos derechos, como la posibilidad de delegar el trabajo, pero siguen estancados en su antiguo comportamiento y lo hacen todo por sí mismos. Juegan a ser directivos sin serlo realmente.

Otras personas amables evitan este problema, absteniéndose deliberadamente de solicitar cargos de alto nivel. Nunca mueven un dedo cuando surge un proyecto interesante. Rechazan cargos y ascensos porque quieren permanecer en segunda fila; y ceden la oportunidad de hablar en un congreso a otro compañero menos modesto.

Yo incluso conozco personas con doctorado —¡en su mayoría mujeres!— que ocultan su doctorado en su firma o, en el mejor de los casos, apenas lo susurran cuando se presentan. Como si el doctorado no fuera una parte oficial del nombre, sino una muestra de arrogancia que provoca a todos los congéneres sin título.

Las personas amables a menudo se sienten sobrevaloradas por los demás. ¿Y por qué? Porque se *infravaloran* a sí mismas. Y proyectan estas dudas hacia el exterior. Del mismo modo que Adrian Horvat consideraba que el título de gestor de cuentas clave le quedaba demasiado grande, y temía que clientes y colegas pensaran lo mismo.

¿Cómo podemos conseguir ver nuestras propias cualidades con más perspectiva? Invité a Adrian Horvat a realizar el siguiente ejercicio: coloqué varias sillas en la sala y le permití pegar en cada una de ellas una cartulina con el nombre de un compañero, directivo o amigo. A continuación, tomó asiento en cada una de las sillas, asumió el papel correspondiente y le preguntó sobre sí mismo, Adrian Horvat, a su compañero, empleado o amigo. Por ejemplo, cuando asumió el papel de su jefe le pregunté:

- ¿Por qué es importante que el señor Horvat se presente con el cargo de «gestor de cuentas clave»?
- ¿Qué efecto de señalización tiene este título, tanto interna como externamente?
- ¿Qué elementos de gestión realiza ya en su trabajo actual?
- ¿Cómo se distingue positivamente de sus compañeros?
- ¿Cuál de sus cualidades valora más?

Desde la perspectiva de los demás, Horvat se despojó de su exagerada modestia. Consiguió ver el cargo bajo una nueva luz. Admitió que renunciar a él sería malo para su posición en el grupo, así como de cara a los clientes. Al mismo tiempo, el papel de jefe le ayudó a valorar más su rendimiento profesional. Se sorprendió al darse cuenta de la cantidad de tareas de gestión que ya realizaba en su trabajo. Por ejemplo, coordinaba la colaboración con el desarrollo de productos y realizaba importantes tareas organizativas.

Solo cuando se vio varias veces a sí mismo y a su trabajo a través de los ojos de los demás consiguió superar el síndrome del impostor. Ahora estaba convencido de que realmente merecía ese cargo y por fin lo aceptó.

3. La mujer que no quería un cargo ejecutivo

En el mundo de los negocios, los títulos y los símbolos de estatus desempeñan un papel decisivo. Pregúntate a ti mismo:

- ¿Por qué los jefes suelen sentarse en la cabecera de la mesa en las reuniones?
- ¿Por qué el jefe de departamento tiene un despacho más grande que el de sus empleados?
- ¿Por qué los altos cargos viajan casi siempre en primera clase?
- ¿Por qué la secretaría organiza los nombramientos de los directores?
- ¿Por qué la jefa de ventas no toma sus notas con un bolígrafo promocional, sino con un Montblanc?
- ¿Por qué todas las visitas de un alto directivo tienen que pasar por una antesala antes de acceder al reino celestial del despacho ejecutivo?

También puedes preguntarte: ¿Por qué las charreteras de los oficiales del ejército son más anchas que las de los suboficiales? Se trata de mostrar tu propio rango ante el mundo exterior. Quien lleva una insignia equivocada es mal juzgado. Lo mismo ocurre en el mundo de los negocios.

No obstante, a menudo oigo decir a clientes amables: «No tengo por qué viajar en primera clase solo porque ahora me lo permita». O bien: «No necesito una secretaria, yo puedo gestionar todo el papeleo». Si este comportamiento es habitual en un negocio como una *start-up* o una pequeña empresa sin pretensiones, no pasa da, pero si se aplican las reglas del juego tradicionales, por ejemplo, en una gran empresa, entonces una persona amable y modesta puede encontrarse rápidamente al margen.

¿Qué mensaje envías, por ejemplo, cuando tienes que separarte de tus compañeros en un viaje de negocios porque ellos viajan en primera clase y tú en segunda? Parecerías un empleado de segunda. O bien: ¿Qué mensaje envías cuando tu compañero tiene a una secretaria que se encarga de los expedientes, pero tú te ves obligado a rebuscar entre ellos? En el peor de los casos, te preguntará: «Ya que estás, ¿podrías buscarme este…?».

Lo admito, las reglas del juego del estatus son irracionales y no precisamente amables; apestan a acaparamiento de poder y elaboración de perfiles. Aun así, cuando prescindes de ellas como buena persona, pagas un alto precio y te complicas la vida.

Eso es lo que le ocurrió a mi clienta Anne Häuser (38), una recién nombrada jefa de departamento en una empresa automovilística del sur de Alemania. Por modestia, renunció a tener su propio despacho tras su ascenso y permaneció con sus antiguos compañeros de oficina. Los despachos de los demás jefes de departamento estaban en otra planta, uno al lado del otro, por lo que ella estaba aislada del flujo informal de información. Sus compañeros apenas la tenían en cuenta y a menudo «accidentalmente» se olvidaban de invitarla a las reuniones con la dirección. Además, sus empleados también eran muy comodones, y a veces delegaban en ella las tareas complicadas: «¡Por favor, hágalo usted!».

Las dificultades tenían una única causa: Anne Häuser había sido ascendida a un puesto directivo (con su propio despacho), pero seguía comportándose en la empresa como una empleada más (oficina abierta). Por ello, tal vez inconscientemente, no era aceptada en su nueva función directiva, ni por el resto de jefes de departamento ni por sus empleados.

Solo después de una larga lucha interna —no quería dar a sus empleados la impresión de ser mejor que ellos— se obligó a sí misma a abandonar la oficina abierta. Tras un breve periodo en su despacho personal, su situación mejoró notablemente. «Es como si alguien hubiera pulsado un interruptor y de repente todos me vieran como la jefa de departamento». Reflexiona y añade: «Quizá también se deba a mi comportamiento. Mi despacho me recuerda cada mañana que ahora soy la jefa. Por eso me atrevo a ser un poco más exigente y me muestro más segura de mí misma cuando trato con los demás».

Esto es muy interesante. Cuando las personas amables se permiten los títulos y símbolos de estatus a los que tienen derecho, esto influye en su comportamiento. Es muy posible que Adrian Horvat se sienta más seguro de sí mismo cuando habla con sus clientes en calidad de «gestor de cuentas clave» que antes como «asesor».

Siete situaciones en las que no debes ser amable

A lo largo de la semana hay unos pocos momentos que deciden la seriedad con la que te toman en el trabajo. Momentos en los que debes controlar tu amabilidad y poner límites a los demás. Esos momentos se repiten y puedes prepararte para ellos con antelación.

Pregúntate: ¿En qué situaciones creo que soy demasiado amable? ¿Cuándo cedo y me arrepiento después? ¿Cuándo no se valora mi trabajo todo lo que se merece? Siéntete libre de anotar lo que se te ocurra.

A continuación, te presento siete ejemplos prácticos y distintas soluciones, muchas de las cuales deberían ser aplicables a ti:

Situación 1: Ataque en la reunión

Mi cliente Rolf Kargus (32), informático y un pedazo de pan, es atacado por un compañero durante una reunión de equipo: «Si todo el mundo tarda tanto como tú en desarrollar sus ideas, no acabaremos ni en cien años». El ataque le coge totalmente por sorpresa y no parece tener sentido. Los conceptos de los demás eran más superficiales, mientras que él se había tomado su tiempo. Sin embargo, Kargus no consigue defenderse. «Tengo una especie de inhibición del instinto de morder», me dijo. «No puedo atacar a nadie en público. Además, no se me ocurrió una buena respuesta. ¿O debería haberme rebajado al mismo nivel?».

Imagina que estuvieras en su situación. Cuál de las tres reacciones siguientes te parecería la mejor (después te daré una explicación):

- «Entiendo perfectamente que te sientas molesto, pero, aun así, te agradecería que adoptaras un tono más amable».
- «Sé que te molesta que haya tardado dos días más que tú en desarrollar mi concepto. Necesitaba ese tiempo para trabajar a fondo. Me da rabia tu comentario, sobre todo porque la referencia a los próximos cien años es muy exagerada. Estaré encantado de explicarte por qué merece la pena invertir más tiempo en los conceptos. Y espero de ti un poco más de objetividad».
- «Si te refieres a que soy minucioso y evito los errores, tienes toda la razón. Y espero la misma forma de trabajar por parte de todos en este equipo».

¿Cuál crees que es la mejor respuesta?

Mi valoración: Creo que la primera respuesta es demasiado blanda. Si alguien te ataca de forma poco objetiva, no debes permitirte comprender su enfado, de lo contrario estarás echando más leña al fuego. Además, la expresión «agradecería» transmite incertidumbre.

En la segunda reacción, describes tu observación de forma neutral («Sé que te molesta»); hablas de tus sentimientos («me da rabia tu comentario»), expones tu necesidad («necesitaba ese tiempo») y deduces de ello una exigencia («espero que seas más objetivo»). Ser fiel a ti mismo y mostrar tus cartas hace que tu argumento sea poderoso.

La tercera respuesta utiliza la técnica del Aikido: interpretas el ataque de forma positiva, derivando el cumplido «soy minucioso» de la acusación «eres lento». Este tipo de reacción irrita al atacante; es evidente que no te desanimas. Al mismo tiempo, transmites indirectamente el mensaje de que no quieres discutir a ese nivel. Así te aseguras de que el punto vaya para ti.

Ejercicio: ¿En qué situaciones quieres reaccionar de forma diferente ante los ataques retóricos? Selecciona uno de los patrones de respuesta anteriores y aplícalo a una situación recurrente. Visualiza exactamente lo que vas a decir. Y pruébalo en el trabajo a la próxima oportunidad que se te presente. Presta atención al efecto que causa. ¿Hasta qué punto el atacante te respeta más?

Situación 2: Esclavo de un compañero

La auxiliar de odontología Leyla Zaidan (55) lleva la consulta de su jefe junto a su joven compañera Luisa, pero se da cuenta de que esta no deja de delegar en ella los procedimientos difíciles y de decirle: «Tú, que tienes experiencias, lo harás mejor» o «Estoy desbordada». Leyla asume estas tareas a conciencia. Sin embargo, últimamente se siente superada por la creciente carga de trabajo. Y aunque en realidad no le importa ayudar a su compañera, siente «un ligero resentimiento» por su forma de actuar.

Imagina que te encuentras en una situación similar. ¿Cuál de las tres reacciones siguientes te parecería más sensata? Elige una:

- Le digo a mi compañero: «Me alegro de que valores mi experiencia, pero aquí somos un equipo a partes iguales. Todo lo que yo puedo hacer, tú también tienes que poder hacerlo. Y eso no se aprende poniéndolo sobre mi mesa, sino haciéndolo tú mismo. Sobre todo, porque ya estoy más que ocupado con el resto de tareas».
- Simplemente no reacciono cuando se me acerca para hablar de esas cosas. No obstante, cuando me encuentro algo sobre mi mesa, se lo devuelvo sin decir nada. Estoy seguro de que entenderá mi mensaje.
- Cada semana le quito una tarea menos de encima. Así no se siente abrumado por las nuevas responsabilidades y consigo que sea más independiente de una forma elegante, lo que me quita presión a mí.

¿Qué reacción escogerías?

Mi valoración: La segunda sugerencia, que simplemente no reacciones y le devuelvas el trabajo a tu compañero sin decir nada, te hace parecer débil, como si no tuviera agallas para abordar la cuestión. Este tipo de juegos mentales perjudican a todos los implicados.

La tercera sugerencia, que pases gradualmente más tareas a tu compañero, me parece demasiado empática. Eso sería generoso con él, pero si ya estás frustrado y sobrecargado, necesitas una solución rápida y clara que sitúa tus intereses en el centro.

La que más me gusta es la primera solución. Aquí combinas una actitud empática («No aprenderás dejándolo sobre mi mesa») con el claro mensaje de que «ya estás más que ocupado con el resto de tareas». Una reacción así cambia rápidamente la situación y aumentará tu autoridad a ojos de tu compañero.

Ejercicio: Piensa en algunas situaciones en las que te sientes sobrecargado por los demás o abrumado por tu jefe. Elabora un pequeño guión sobre cómo establecerás límites claros en el futuro. Reproduce este comportamiento en voz alta varias veces para que te resulte más fácil en una situación real.

Situación 3: Más salario, pero ¿cómo?

La empleada comercial Emilia Steinke (45) se queja durante nuestra sesión de que su sueldo lleva cuatro años estancado, a pesar de que el número de tareas ha aumentado y de que realiza un trabajo importante para la empresa. Hasta ahora, dejaba que su superior jerárquico llevara la iniciativa. Sin embargo, ahora ha decidido plantearle a su jefe un aumento de sueldo.

Imagina que se tratara de tu sueldo. ¿Qué palabras usarías al hablar con tu jefe?

- «Me gustaría preguntarle si tal vez, excepcionalmente, podríamos tener una conversación sobre mi sueldo. Al fin y al cabo, no ha variado mucho en cuatro años».

- «Me gustaría hablar con usted sobre mis perspectivas en la empresa, también desde el punto de vista económico. En los últimos años he mejorado mi rendimiento y he asumido más responsabilidades. Estaré encantado de darle algunos ejemplos y mostrarle lo que puedo lograr para esta empresa en el futuro. Me parece que es momento de que la empresa responda a mi rendimiento con un ajuste salarial adecuado».
- «Sé que la situación presupuestaria no es la mejor. No obstante, me gustaría hablar con usted de mi sueldo, porque mi rendimiento en los últimos años no ha sido precisamente malo. Creo que mi sueldo debe mejorar».

¿Qué argumento utilizarías para ganarte más respeto, así como una mejora salarial?

Mi valoración: La primera y la tercera opción adolecen del mismo defecto. No entras a negociar en igualdad de condiciones, sino que adoptas el papel suplicante. Ese «si tal vez, excepcionalmente, podríamos tener una conversación sobre mi sueldo» suena demasiado cobarde. Estos suavizantes lingüísticos sabotean tu petición. Por otro lado, el tercer argumento es demasiado empático. Te centras en la mala situación presupuestaria como si tuvieras que disculparte por tu petición. Al mismo tiempo, tu inseguridad destaca durante toda la petición, ya que describes tu buen rendimiento como «no precisamente malo» o decir que tu sueldo «no ha variado». Las formulaciones negativas te debilitan.

Por el contrario, el segundo argumento demuestra confianza en uno mismo. Aquí insertas la negociación en un contexto más amplio: tu futuro en la empresa. Pareces decidido, porque planteas una exigencia clara y anuncias que respaldarás tu actuación con ejemplos. Sobre esta base, es muy probable que consigas un aumento de sueldo significativo.

Ejercicio: ¿Cuándo fue la última vez que negociaste tu sueldo? Si fue hace mucho tiempo, modifica el segundo argumento para que se adapte a tu caso. Practica la negociación salarial en un juego de roles con algún amigo o amiga. Y después, coge el toro por los cuernos y ve a hablar con tu jefe.

Situación 4: Dudas sobre el trabajo soñado

La ingeniera Elvira Schrunk (29) se presenta en el centro de orientación profesional con un anuncio de trabajo que la entusiasma. Se busca un nuevo director para un centro de reparto de su empresa. Sin embargo, mientras habla maravillas de lo bien que le iría el puesto, no para de pensar para sí misma:

«Sé que aún no tengo la experiencia necesaria. Soy demasiado joven para el puesto. Pensarán que soy una vanidosa y que me estoy extralimitando».

En la conversación, llegamos al fondo de una de sus creencias más antiguas: «No quieras llegar demasiado lejos», le decían siempre sus padres cuando quería intentar algo arriesgado de pequeña. A día de hoy, esta frase le impide desarrollar todo su potencial.

Imagina que estuvieras en la misma situación: ¿qué nueva creencia considerarías la mejor para romper los grilletes del pasado?

1. Solo los que quieren llegar lejos obtienen una visión más amplia. Tengo mucho que ganar, pero nada que perder.
2. Si puedo lanzar un globo sonda, lo haré, y la solicitud no es en principio vinculante.
3. Si intuyo que un reto me atrae, también tengo la fuerza para superarlo. Actuando, puedo activar esta fuerza.

¿QUÉ CREENCIA TE ATRAE MÁS?

Mi valoración: La segunda creencia, con las palabras «globo sonda» muestra tibieza, suena como «No creo en ello, pero lo intentaré de todos modos».

La primera creencia retoma la idea familiar del riesgo de querer llegar demasiado lejos, pero le da un giro completamente nuevo. De repente ya no es un riesgo, sino una oportunidad, porque se obtiene una visión de conjunto. Esta es la forma ideal de renovar las creencias: quedarse con la idea, pero dándole un nuevo significado, de modo que lo mismo que antes nos frenaba ahora es lo que nos empuja.

La tercera creencia también puede ser muy útil, ya que de hecho nos atraen principalmente los retos para los que tenemos el potencial necesario. A menudo, nuestra intuición lo sabe antes que nuestra mente dubitativa. Esta creencia proporciona valor y empuje.

Ejercicio: Piensa en un objetivo que quieras alcanzar de todo corazón, pero para el que aún no hayas logrado reunir la confianza necesaria para intentarlo. ¿Qué creencia te lo impide (véase también la página 101)? ¿Cómo puedes darle la vuelta o reformularla para poder abordarlo? ¡Hazlo!

Situación 5: La difamación amistosa

Josephine Ems (22) trabaja en una guardería y parece bastante joven para su edad. Se lleva bien con los niños, hace su trabajo a conciencia y no rehúsa ninguna tarea. Sin embargo, no se siente respetada por su jefa, la directora de la guardería. No la llama por su nombre de pila, sino que siempre la llama «niña». Lo hace con amabilidad, pero le molesta. Hasta ahora, Josephine Ems ha evitado expresar sus sentimientos. ¿No sería mezquino? Al fin y al cabo, su jefa no lo hace con mala intención.

Imagina que te encuentras en esta situación. ¿Cuál de los tres comportamientos siguientes considerarías el mejor?

- Imito el comportamiento de la jefa y solo me dirijo a ella como «señora». Así se dará cuenta enseguida de lo inapropiada que es su forma de dirigirse a mí. De este modo, es muy probable que vuelva a llamarme por mi nombre y, a cambio, yo tampoco volveré a llamarla «señora».

- Ya no reacciono cuando me llama «niña», y hago como si se refiriera a otra persona. Y si luego me llama por mi verdadero nombre, le digo: «Ese es justo mi nombre. Espero que te dirijas a mí con él, porque "niña" me parece peyorativo».
- Me dirijo a ella directamente y le digo: «Me he dado cuenta de que me llamas "niña". Estoy segura de que no lo haces con mala intención. Y tampoco pretendo criticarte por ello, pero me hace sentir menospreciada y que no se me toma en serio. Por eso te pido que en el futuro te dirijas a mí por mi nombre».

¿CUÁL DE ESTAS OPCIONES TE PARECE MEJOR? POR FAVOR, ELIJE UNA

Mi valoración: Me gustan las dos primeras opciones porque envían una señal clara a través de tus acciones, aunque sugiero no solo tomar medidas, sino también dejar que hablen las palabras explicativas (como en la segunda opción). Así muestras tus cartas, la señal de *stop* es más clara y tu jefa sabe a qué atenerse.

La tercera variante aborda directamente el proceso, lo que, en mi opinión, es una buena idea. Sin embargo, el mensaje se diluye aquí con dos frases apologéticas: «Estoy segura de que no lo haces con mala intención. Y tampoco pretendo criticarte por ello». Esto crea un doble mensaje desfavorable. Por un lado, te critico, pero no estoy seguro de si me está permitido. Si no utilizas estos mensajes, el mensaje será más eficaz.

Ejercicio: ¿En qué situaciones se te niega el respeto que mereces? Piensa en un mensaje claro de que no tolerarás más este comportamiento. Y pon esta señal de *stop* en la próxima ocasión.

Situación 6: El ladrón en el equipo

Laurenz Holzer (49) trabaja como diseñador para una editorial especializada. Junto con tres compañeros, recibe el encargo de desarrollar un nuevo estilo de maquetación para un manual. Sus ideas son bien recibidas por sus compañeros y conforman la propuesta de grupo que finalmente se presenta al director editorial. Sin embargo, un compañero toma la palabra y subraya repetidamente lo que él ha aportado a la idea. La gran contribución de Laurenz Holzer queda sin mencionar.

Imagina que te encuentras en esta situación. ¿Cómo reaccionarías durante la presentación ante el jefe?

- No hago nada en absoluto. Una presentación no es el lugar adecuado para expresar críticas. Después de todo, no quiero dejar en evidencia al compañero que ha hablado en nombre de todos. Por eso le diré en privado que podría haber hecho más hincapié en mi contribución.
- Doy un paso adelante, participo en la presentación y hablo de lo que he aportado al proyecto. Al mismo tiempo, menciono las contribuciones de mis compañeros.
- Le digo a mi compañero: «Acabas de describir tu parte en el proyecto. Ahora, por favor, explica también lo que hemos hecho los demás compañeros y yo. ¿O deberíamos hacerlo nosotros mismos?».

¿Qué variante te parece más adecuada?

Mi valoración: Muchas personas amables se inclinan por la primera opción, porque no quieren afrontar el conflicto en público. Sin embargo, esto significa que la falsa impresión de que el compañero lo ha hecho casi todo permanece en la cabeza del jefe. Por eso creo que es necesario intervenir ante una situación así.

La segunda opción, tomar la palabra, requiere valentía y confianza en uno mismo, pero es muy eficaz. A menudo, cuando una persona descarada asume demasiado protagonismo, significa que una persona amable y modesta asume demasiado poco. Dando un paso adelante, puedes cerrar este vacío de presencia.

La tercera opción es una vía intermedia: le pides a tu compañero que mencione tu papel y el de los demás. Una interjección así requiere de valentía y confianza en uno mismo. Y si el compañero no se «acuerda» lo suficiente, eres libre de hablar por ti mismo.

Ejercicio: Piensa en una situación en la que hayas dejado que otros te roben el protagonismo. Piensa cómo puedes hacer que tu propia actuación sea más visible en el futuro y reclamar suficiente espacio para ti. Pon en práctica este plan.

Situación 7: El jefe chillón

El transportista Reno Ott (42) me cuenta durante la sesión de asesoramiento: «Mi jefe me considera el chivo expiatorio del equipo. Me ha gritado varias veces delante de todo los compañeros. Yo no hago nada malo, pero él siempre descarga su mal humor conmigo. Y mis compañeros le van imitando poco a poco». Me doy cuenta de que Reno apenas mira a los ojos cuando habla y se muestra reservado. ¿Será que esta inseguridad le predestina a ser el saco de boxeo de su jefe?

Imagina que estuvieras en su lugar. ¿Cómo te comportarías con tu jefe?

1. Yo le contestaría inmediatamente a gritos, tan fuerte y agresivamente como él, y le dejaría bien claro que no voy a tolerar más ese comportamiento.
2. Yo le desarmaría con amabilidad diciéndole: «¿Podemos acordar emplear un volumen un poco más bajo? Un enfoque más civilizado tampoco estaría mal».
3. Le digo que me molesta ese tono. Y que, si no lo cambia inmediatamente, me marcharé. Más tarde, cuando se haya calmado, hablo con él a solas y le explico que sus gritos me ofenden, y que espero un comportamiento más civilizado.

¿Qué opción has elegido?

Mi valoración: La primera opción, contestar a gritos, es arriesgada. Como persona amable, casi siempre saldrás perdiendo en una pelea a gritos con alguien agresivo. La segunda opción, la amabilidad para desarmarle, resulta demasiado dubitativa («¿Podemos acordar...?»). Esto te hace parecer débil, como una víctima confesa, y el agresor se siente invitado a atacar de nuevo.

La tercera opción me parece una forma eficaz de establecer tus límites. Muestras la señal de *stop* en cuanto se produce la situación, amenazas con una consecuencia y luego, con valentía y claridad, entablas una conversación cara a cara.

Ejercicio: ¿Cuándo tienes la sensación de que los demás utilizan un comportamiento abusivo contigo? Piensa en una reacción con la que puedas mostrarle a la otra persona cuáles son tus límites y exigirle el tono que necesitas para poder trabajar juntos. Pon a prueba este comportamiento la próxima vez que alguien te ataque.

El ABC de la amabilidad: ¡Esto te salvará!

¿En qué debes fijarte para ser una buena persona en el trabajo? Este pequeño abecedario de límites y estímulos te dará una rápida visión de conjunto:

- *Ascender*: cuando eres amable, a menudo te consideran menos asertivo, y eso frena tus posibilidades de ascender. Demuestra que eres capaz de imponerte. «Precisamente porque tengo don de gentes, soy capaz de ganarme a los demás. Asimismo, soy capaz de hacer valer mi criterio y transmitir mensajes desagradables. Como directivo, no tengo que caerle bien a todo el mundo, pero sí ser respetado por todos».
- *Ayudar*: Hoy en día, cada vez hay más trabajo sobre menos hombros, lo que hace casi imposible que las personas puedan hacer frente a su carga de trabajo. A la gente amable y buena le gusta ayudar a los demás. Sin embargo, *ayudar* significa «echar una mano». Si estás constantemente ayudando a los demás sin recibir nada a cambio, tu estatus social baja. Te ven como la persona a la que hay que acudir para todo. Mientras tanto, tu propio trabajo se queda sin hacer. Así, solo te valorarán en función de esto último.
- *Cambio*: Cuanto más apegada se siente una persona a sus compañeros de trabajo, como suele ocurrir en el caso de las personas amables, menos

probable es que cambie de empleador. Esto es un gran error desde el punto de vista profesional y se debe a que los mayores saltos salariales se dan cuando se cambia de trabajo, entre un 15% y un 25%. Además, con frecuencia se puede subir un nuevo peldaño en la escala profesional. Ten en cuenta que, como persona socialmente competente, te adaptarás rápidamente a un nuevo entorno.

- *Compromiso*: los candidatos que deseen ser aceptados para un puesto de trabajo deben reunirse con su futuro empleador en pie de igualdad y no deben ser tratados como suplicantes. A algunas personas amables les ayuda pensar que ofrecen su trabajo como un producto útil que beneficia a la empresa. Esta distancia interior les da un aspecto más seguro de sí mismos.
- *Cortesía*: es bueno dominar la etiqueta. No obstante, un exceso de cortesía suele percibirse como servilismo. Si das las gracias varias veces por trivialidades o pides las cosas tres veces «por favor», se percibe como un signo de debilidad. Combina la cortesía con la confianza en ti mismo.
- *Críticas*: ¿Las críticas en el trabajo te quitan el sueño? ¿A qué se debe? Hay dos tipos de crítica: la crítica justificada, de la que puedes aprender, y la crítica injustificada, que puedes rechazar. Haz ambas cosas y recuerda que las críticas dicen más de las personas que te critican que de ti. No a todo el mundo tiene por qué gustarle lo que haces.
- *Decepción*: ¿Es siempre una mala señal si decepcionas a los demás en tu trabajo? No necesariamente. A menudo se esperan cosas de ti que no quieres o no puedes cumplir. En esos casos, un «No» es tu salvación. «Decepción» significa entonces que se ha cancelado la ilusión de que estás dispuesto a aguantar cualquier cosa, y ¡eso es bueno!
- *Decir «No»*: Puede que tengas la sensación de que decir que No te hará impopular en el trabajo. Sin embargo, decir que No supone una fuente de respeto. Cada vez que dices «No» a algo, elevas tu perfil, defines tus límites y tu punto de vista. Al mismo tiempo, el valor de tu «Sí» aumenta porque ya no se da por sentado. Cuanto más alto estés en la jerarquía, más a menudo tendrás que decir que no. «Sí» es una palabra de sirvientes.

- ***Delegar:*** ¿Te sientes incómodo pidiendo ayuda a tus compañeros de trabajo? ¿Prefieres realizar tú mismo las pequeñas tareas, aunque en realidad sean responsabilidad de otra persona? Sería mejor que no lo hicieras. Así perjudicas tu carrera porque te cuesta tiempo. Además, perjudicas tu estatus. Si delegas trabajo, te ven como el jefe; si lo haces todo tú mismo, no eres más que tu propio sirviente. Por tanto, no eres candidato a un ascenso.
- ***Elogios***: Cuanto más a menudo elogies a alguien, menos valdrán tus elogios. Elogia a alguien solo cuando realmente se lo merezca, de lo contrario no servirá de nada. Y ten cuidado si tú mismo recibes elogios, por ejemplo, de tu jefe. A veces los elogios buscan manipularte (véase la página 180).
- ***Encargos del jefe***: El trabajo fluye hacia allá donde se realiza sin rechistar, pero ¿qué impresión das si aceptas todos los encargos de tu jefe en todo momento? Pues que no estás totalmente ocupado con tus otras tareas. No aceptes todos los encargos de tu jefe. Señala más a menudo que ya estás totalmente ocupado. Así mantendrás tu carga de trabajo a un nivel razonable. Además, tu jefe será más consciente de tu rendimiento.
- ***Espíritu de equipo***: A menudo el «espíritu de equipo» es elogiado en los términos más elevados por aquellos que, como superiores, ya están por encima del equipo. Cualquiera que peque de un exceso de compañerismo por amabilidad se perderá con toda seguridad aumentos de sueldo, ascensos y otros reconocimientos. ¡Destaca! Deja clara tu parte de rendimiento y muestra tu perfil (véase la página 214).
- ***Estrés***: Está causado por pensamientos como «¡Si le llevo la contraria ahora, mi jefe se enfadará!». Bajo estrés, las personas amables tienden a huir. En lugar de luchar en una disputa, ceden. Es un error que puede corregirse con nuevas creencias como «Mi jefe se merece que le diga lo que pienso. Luego depende de él tenerlo en cuenta o no a la hora de tomar su decisión».
- ***Horas extraordinarias***: Las horas extraordinarias suelen ser para los compañeros amables, mientras que los que velan por sus propios inte-

reses se van a casa temprano. No hay nada malo en trabajar más horas en situaciones difíciles. Sin embargo, esta excepción no debe convertirse en la norma. En este caso puede ser útil establecer límites, por ejemplo, mediante un autocontrato[85].

- ***Iniciativa***: Las personas amables suelen ser reacias a tomar la iniciativa, porque les parece una intromisión. Sin embargo, la iniciativa demuestra determinación. El éxito en el trabajo llega cuando actúas de forma proactiva. Consigue lo que necesitas, en lugar de limitarte a reaccionar o esperar que te inviten a actuar.
- ***Opinión***: ¿Te resulta difícil expresar tu propia opinión porque los demás podrían sentirse ofendidos? Piensa entonces en lo que la palabra *opinión* significa. Una opinión no puede ser errónea, es tu punto de vista. Defiéndete a ti mismo y a tu opinión, así te resultará más fácil convencer a los demás.
- ***Oportunismo***: Quien hace siempre lo que esperan los demás sin prestar atención a sus propias necesidades puede caer en el oportunismo. Entonces pierde sus valores y se convierte en una marioneta. Un comportamiento así desdibuja tu propia identidad. Por eso es tan importante que te preguntes qué es lo realmente quieres para ti, y qué es lo mejor para ti.
- Pensamientos angustiosos: Ningún otro pensamiento preocupa tanto a los empleados amables como «¿Qué piensa el jefe de mí? ¿Y mis compañeros?». Hazte la siguiente pregunta: «¿Qué piensas tú de ti mismo?». Es importante que no obtengas tu autoestima del juicio de los demás. Cuando eres fiel a ti mismo, te vuelves más independiente. La autoaceptación garantiza que los demás también te respeten.
- ***Personalidad***: «¡Tiene personalidad!» En los negocios, esta frase significa tanto como decir que alguien tiene el valor de ir contracorriente y seguir su propio camino. El reto de la gente amable es mostrar claramente su personalidad. Para ello es necesario tener el valor de ir contracorriente y aventurarse a salir de nuestro escondite.
- ***Riesgo***: En mis sesiones yo animo a las personas amables a que asuman más riesgos. Solicita trabajos ambiciosos; preséntate a puestos

directivos; y acepta proyectos de alto nivel. Cuando asumes riesgos, puedes crecer y ampliar tus límites. Además, ganarás prestigio.

- *Sueldo*: Los salarios suelen concederse en función del resultado de la negociación. El que no llora no mama. Por eso es importante que tomes la iniciativa y defiendas tus intereses de forma clara y coherente durante las negociaciones.
- *Sí a todo*: Todo el mundo quiere algo de ti: tu jefe, tus compañeros, tus clientes. Si siempre dices que sí, estás firmando tu propia sentencia de agotamiento. Asegúrate de no decir nunca que sí automáticamente cuando te encargan una tarea. Considera siempre qué decisión es la mejor para ti (y no solo para la otra persona).
- *Trampas de liderazgo*: Las tres mayores trampas de liderazgo para la gente amable son: en primer lugar, aplazar las decisiones desagradables. En segundo, exigir y criticar con demasiada diplomacia. Y en tercero, poner límites demasiado tarde. Por lo tanto, ocúpate de los asuntos desagradables lo antes posible, a menudo esto es incluso socialmente aceptable. Por ejemplo, despedir a alguien durante su periodo de prueba es mejor para ambas partes que echarlo al cabo de un año.
- *Vulnerabilidad*: Las personas amables suelen encontrar hiriente el rechazo. ¿Qué pasaría si interpretaras el rechazo en el trabajo de otra manera, como una señal de que tienes el valor de llegar al límite? También deberías ver siempre una negativa de la otra parte como una invitación a negociar. Si tu jefe dice «no» a tu petición salarial, significa: «¡No sin más! Si quieres obtener algo, necesitas buenos argumentos».
- *Teoría XY*: Proviene del psicólogo estadounidense Douglas McGregor. La teoría X dice: el trabajo no es algo natural para los empleados, hay que obligarles y controlarles. La teoría Y dice: a los empleados les gusta implicarse cuando se les desafía y se les da responsabilidad. El peligro con las personas amables no es la falta de motivación para trabajar (Teoría X), sino el hecho de que además de no dejarse desafiar (Teoría Y), se sobreexigen.

Mi prueba de amabilidad

«¿PUEDES PRESTARME ALGO DE DINERO PARA PAGAR LA CENA?»

La situación: Tengo veintitantos años y soy editor. Mi colega Henry es conocido por pedir dinero prestado a todo tipo de personas. Siempre dice que se le ha olvidado la cartera, pero sus acreedores se meten en problemas: solo les devuelve el dinero si le dan la lata durante semanas. Siempre resulta vergonzoso. Ya me ha pasado tres veces.

Durante un viaje de negocios, Henry me dice en el restaurante: «Martin, no llevo dinero encima. ¿Puedes prestarme algo para comer?». No quiero que pase hambre, pero tampoco quiero caer en la vieja trampa. ¿Qué hacer?

Ejercicio: ¿Cómo habrías reaccionado tú en mi lugar?

____

____

____

Mi reacción: Le respondo: «Las últimas veces que te he prestado dinero, me he arrepentido. Siempre tengo que ir detrás de ti para que me lo devuelvas. ¿Me prometes que esta vez me devolverás la deuda directamente y sin que te lo pida?». Se disculpa profusamente y acepta. Resultado: nuevamente, no sale de él saldar la deuda y tengo que pedírselo. Y después me enfado conmigo mismo.

Evaluación desde la perspectiva actual: Me comporto de forma incoherente. Por un lado, le reprendo por su comportamiento. Y, por otro, obtiene una recompensa por ello: otro préstamo. Como me comporto exactamente igual que siempre —volver a prestarle dinero—, él también se comporta como siempre y no me lo devuelve. Debería haberle dicho: «Henry, ya te he prestado dinero tres veces. En todas las ocasiones he tenido que ir detrás de ti para recuperarlo y me he sentido mal por ello. Por eso no te voy a volver a prestar».

Comentario: Esta variante le deja claro a Henry que su patrón de comportamiento ya no funciona conmigo. La afirmación es tan clara que no deja lugar a dudas.

La trampa de la amabilidad: La gente amable y buena no quiere que nadie sufra. La idea de que yo comiera y él tuviera hambre me resultaba insoportable. Debería haberme dado cuenta: Al fin y al cabo, para él no es ningún problema verme sufrir si se niega a devolvérmelo. Solo cambiando radicalmente mi comportamiento habría existido la posibilidad de que él también cambiara radicalmente el suyo.

Mi lección: Cuando digas «No», piensa primero en las consecuencias positivas para ti y no en las (supuestamente) negativas para los demás.

9

Valor para ser tú mismo: cómo hacerse fuerte sin fingir

En este capítulo aprenderás...

- cómo imaginar tu vida como si fuera un campo de fútbol puede ayudarte a crecer,
- cómo un fracaso puede suponer para un joven el regalo más hermoso del mundo,
- cómo encontrar tu propia vida y deshacerte de la gente equivocada,
- cómo arreglártelas para seguir siendo amable sin que los perros vuelvan a morderte.

El campo de fútbol de tu vida

¿Crees que serás capaz de parecer más seguro de ti mismo en el futuro y de controlar tu amabilidad en lugar de dejarte controlar por ella? Yo pienso que sí, siempre que estés dispuesto a salir de tu zona de confort. Imagina tu vida como un campo de fútbol. La mayor parte del tiempo te mueves en tu propio campo. Allí conoces cada brizna de hierba y te sientes seguro. Rara vez te aventuras en la otra mitad. No quieres abrir tu defensa ni arriesgarte a encajar un gol. Por ejemplo, prefieres cumplir las exigencias de los demás sin rechistar, aunque no te apetezca. Te abstienes de decir que no y dejas tus propios deseos en un segundo plano. Evitas los conflictos y actúas con agresividad, como si un equipo de fútbol se juntase ante su propia portería para despejar los balones del contrario. Este comportamiento te sale de forma automática, tienes práctica.

No obstante, sucede como en el fútbol. Cuando un equipo se planta demasiado atrás, queda atrapado en su propia área y termina encajando gol, no a pesar de su juego defensivo, sino a causa de él.

Si te quedas en tu zona de confort, actuando automáticamente de forma amable y modesta, invitas a los demás a atacarte. De ese modo, el trabajo de los demás se irá amontonando sobre tu mesa, te verás obligado a hacer las tareas de otros y llevarás una vida cuyo timón está en tus manos. Con cada paso que das hacia atrás, otros se adentran cada vez más en tu campo.

Si quieres ganar el partido de la vida, tienes que salir de tu zona de confort y actuar de forma distinta. Cada paso en tu desarrollo requiere que tengas el valor de asumir riesgos:

- No conseguirás el trabajo de tus sueños si te aferras a tu antiguo puesto, pero sí si das un paso al frente y presentas tu candidatura de forma convincente.
- No encontrarás a la pareja de tus sueños acomodándote en tu vida de soltero, sino abriéndote a otra persona.
- No te reconocerán tus logros si tú mismo los menosprecias, pero sí si los presentas con confianza.
- Nadie se quitará el sombrero ante ti mientras tú te pliegues para cumplir los deseos de otros, pero sí lo harán si defiendes tus convicciones.

Solo crecemos *fuera* de nuestra zona de confort. Recuerda momentos en los que hayas saltado por encima de la sombra de tu amabilidad y hayas crecido a partir de ella. Las siguientes preguntas te ayudarán a hacerlo:

- ¿Cuándo has conseguido decir que no, aunque fuera difícil? Recuerda la situación con la mayor precisión posible. ¿Qué ha supuesto para tu autoestima el haberte atrevido a hacerlo?
- ¿Cuándo has conseguido abordar una cuestión difícil que, en realidad, querías evitar? Recuerda exactamente la escena. ¿Qué sentiste al superar tu reticencia a atreverte a expresar tu opinión abiertamente?

- ¿Cuándo has decidido hacer algo importante para ti aun sabiendo que no le iba a gustar a todo el mundo? Reproduce la situación en tu cabeza como si fuera una película. Si la confianza en ti mismo pudiera expresarse en altura, ¿cuánto medías antes (cuando aún dudabas) y cuánto después (una vez actuaste)?
- ¿Cuándo te quejaste por algo, aunque te resultara difícil hacerlo? Deja que la escena se repita en tu mente. ¿Qué efecto ha tenido este paso en tu autoestima?
- ¿Cuándo te has referido a tu propia actuación, a pesar de ser muy reacio a ello? Repasa la situación mentalmente. ¿Qué sentiste al tomarse en serio y decirlo?

Cuando recuerdas esos éxitos, te das valor para futuros cambios. Recuerda lo que te motivó a asumir esos riesgos. Recuerda lo grande y fuerte que te hizo superarte a ti mismo. Y recuerda cómo has crecido como resultado, tanto personalmente como a ojos de los demás.

Durante este ejercicio, mi cliente Martin Lehmann recordó la primera vez que le dijo que no a un amigo que de vez en cuando le agobiaba: «Imaginaba que tendría consecuencias muy negativas; que le pillaría por sorpresa, se enfadaría conmigo y me montaría una escena. Luego me quedé de piedra al ver que simplemente aceptaba mi negativa. Como si fuera lo más normal del mundo. Entonces me di cuenta de que era mucho más difícil para mí decir que no que para él aceptarlo. Incluso tuve la sensación de que se quitaba el sombrero ante mí por dentro, en plan: "Tiene más valor de lo que yo pensaba". Ahora siempre pienso en esta experiencia cuando necesito confianza para hacerme valer».

El rey y las semillas de flores

Hace muchos, muchos años, en una tierra lejana, vivía un poderoso rey. Su reino era tan vasto como un océano y su hija tan hermosa como el sol naciente. Un día, el rey le dijo a su pueblo:

—Quiero casar a mi hija con el joven que sea capaz de hacerla florecer más. Para averiguarlo, voy a invitar a mi palacio a todos los jóvenes del país. A cada uno se le dará una semilla de flor, podrá cultivarla en una maceta durante el invierno, y luego me mostrará el resultado en primavera.

Los jóvenes adoraban a la bella princesa, y acudieron en masa al palacio. Cada uno recibió una semilla de flor y una pequeña maceta con tierra. Entre ellos estaba Yusuf, un joven de baja estatura que, de otro modo, nunca se habría atrevido a cortejar a la princesa. Esperaba de todo corazón que en su maceta creciera la planta más hermosa. Todos los días, a lo largo de todo el invierno, regaba la tierra varias veces, y le hablaba cariñosamente a la semilla. Sin embargo, cuando llegó la primavera, se sintió avergonzado ante una maceta vacía. No había crecido nada, ni siquiera una brizna de hierba. Lo único de lo que podía «presumir» en palacio era de una maceta con tierra.

Entonces se le ocurrió una idea: ¿y si desenterraba la planta más bonita del campo y la ponía en su maceta? Este pequeño truco evitaría que se rieran de él. Tal vez incluso le conseguiría a la hija del rey. La tentación era grande, pero Yusuf se obligó a ser honesto y admitir su fracaso.

Cuando llegó el día de la presentación, se formó una larga fila en el palacio y Yusuf se situó al final de esta. Todos los jóvenes que le precedían sostenían macetas de las que brotaban las plantas más coloridas; eran puros fuegos artificiales botánicos. Yusuf se sintió aún peor por su maceta vacía. Algunos de los jóvenes le señalaban con el dedo, susurraban y soltaban risitas maliciosas.

Tuvo que ver cómo un pretendiente tras otro se ponía delante del rey y presentaba con orgullo su flor. El rey tan solo echaba una breve mirada a las macetas, asentía ligeramente y despedía a los hombres. Parecía estar de mal humor. ¿Qué diría cuando viera la maceta vacía de Yusuf?

Tembloroso, Yusuf fue el último en ponerse delante del rey. Este observó la maceta vacía y sonrió por primera vez aquel día. Se levantó, miró solemnemente a Yusuf y le dijo:

—Tú eres el elegido, te casarás con mi hija.

Yusuf apenas podía creerlo, pero el cuento de hadas se hizo realidad. Se casó con la princesa, se mudó a palacio y tuvieron hijos. Asimismo, se convirtió en el confidente más cercano del rey.

Un día, Yusuf preguntó por fin lo que había estado ardiendo en su corazón todos estos años:

—Dime, mi rey, ¿por qué me has dado a tu hija a mí entre todas las personas?

—Tú ya lo sabes: porque haces que mi hija florezca.

—Pero en mi maceta no había crecido ninguna planta —repuso Yusuf.

El rey le miró y una pequeña sonrisa se dibujó en sus ojos.

—Eso también era imposible. Herví todas las semillas de la planta antes de repartirlas. La honestidad es la planta más bella del mundo. Tú me la has traído. Aquel que es fiel a sí mismo florece y hace florecer a los demás. Por eso tienes a mi hija.

Los otros jóvenes se habían quedado en su zona de confort. Habían preferido la solución deshonesta solo para complacer al rey. Sin embargo, Yusuf había tenido el valor de ser fiel a sí mismo. La vida le recompensó con creces por ello.

Recuerda esta leyenda y no vuelvas a presentar flores falsas, ni falsas sonrisas, ni falsa aprobación, ni falsa modestia, ni falsa cortesía, ni falsas promesas, aunque los demás parezcan esperarlo de ti. Defiende el contenido de tu maceta, tus sentimientos y tus necesidades. A veces tienes que decepcionar a los demás para ser justo contigo mismo.

- Niégale a una persona que te agobia lo que quiere de ti para poder seguir siendo fiel a ti mismo y a tus valores.
- Decepciona la esperanza de otra persona si no coincide con tus necesidades.
- Rechaza el consentimiento que alguien quiere obtener de ti si tienes otros planes.
- Si no te apetece sonreír, no lo hagas solo porque alguien espere que sonrías.

- Nunca asientas con la cabeza si en realidad no estás de acuerdo con otra persona[86].
- No te dejes doblegar, aunque otros lo intenten. Ve en la dirección que te conduzca hacia tu felicidad personal.

Es muy posible que la gente haga comentarios sobre tu nuevo comportamiento, como Yusuf y su maceta vacía. Pero esto solo ocurre porque tus semejantes tienen que acostumbrarse a tu nuevo comportamiento. No dejes que tu comportamiento esté determinado por las expectativas de los demás, sino que sea tu comportamiento el que determine las expectativas de los demás. Entonces, y solo entonces, podrás dirigir tu propia vida en lugar de limitarte a ser conducido por ella.

Cuando sigues tu propio camino, todos se benefician; das a tus semejantes lo más preciado que tienes: tú mismo. No importa qué papeles hayas desempeñado hasta ahora en la vida, si eres un ángel salvador o alguien que siempre sonríe; nunca serás tan brillante, tan ganador y convincente como cuando llenas de vida tu auténtico yo. Deja que se enciendan los deseos que brillan en tu interior. Saca a relucir cualidades que solo has conocido en tus mejores momentos. Permítete asumir riesgos que te fortalezcan y entrenen tu coraje. Saca por fin a la luz a la preciosa persona que llevas dentro desde el día en que naciste.

Como dijo el rey con tanto acierto: «Aquel que es fiel a sí mismo florece y hace florecer a los demás».

La magia de los pequeños pasos

Imagina que estás en una ventanilla de billetes de tren y el empleado te pregunta: «¿Adónde quiere ir?». Y tú respondes: «¡Lejos de aquí!». ¿Conseguirás así un billete para el destino correcto? Difícilmente; tu viaje será un fracaso.

Experimentarás lo mismo si tu objetivo es simplemente «salir de la amabilidad sin límites». Solo cuando sepas lo que quieres *a cambio*, cuando nombres un objetivo para tu viaje hacia el cambio, te pondrás realmente en marcha.

Hay dos niveles de cambio: en tu forma de pensar y en tus acciones. Ambos están estrechamente relacionados. Tus creencias marcan el rumbo de tu vida. Cómo actúas en una situación, si eres valiente o cobarde, si dices «Sí» o «No», depende de tus convicciones.

El siguiente ejercicio te propone diez convicciones. Por favor, puntúa espontáneamente en una escala del 1 (en absoluto) al 10 (totalmente) hasta qué punto estás de acuerdo con cada frase. En la columna siguiente, puntúa hasta qué punto ya pones en práctica esta creencia en tu día a día.

Por favor, completa toda la tabla y después analízala. ¿Con qué frases estás de acuerdo en gran medida, pero apenas las llevas a la práctica? ¿Dónde es especialmente grande la brecha entre el ideal y la realidad? La columna de la derecha te ofrece la oportunidad de reducir esa distancia. Haz el propósito de poner en práctica esa convicción, al menos, 1 punto más.

Convicción	Conformidad (1-10)	Práctica (1-10)	Qué hago para aumentar mi puntuación en 1 punto
1. Tengo derecho a mis sentimientos y pensamientos, independientemente de que les gusten a los demás.			
2. Cada uno de mis sentimientos tiene una buena intención: ayudarme a comportarme de forma sana y coherente.			
3. Solo cuando sé lo que me pasa puedo tomar las decisiones correctas y crear una vida a mi medida.			
4. Cuando le cuento a otra persona lo que me pasa, le demuestro que confío en ella, lo que permite el contacto visual y refuerza la relación.			
5. Los sentimientos y pensamientos que desencadeno en los demás son responsabilidad suya: yo les lanzo una pelota y ellos deciden qué hacer con ella.			

Convicción	Conformidad (1-10)	Práctica (1-10)	Qué hago para aumentar mi puntuación en 1 punto
6. Cuando defiendo mis propias necesidades, lo hago *por* mí mismo, nunca *contra* otra persona. Es lo más natural del mundo.			
7. Es solidario y justo que adopte una postura clara. Es el único modo de que los demás sepan a qué atenerse conmigo.			
8. Puedo tomarme en serio a mí mismo y demostrárselo a los demás sin ser por ello un narcisista. Eso me hace tener una personalidad fuerte y ganarme el respeto de los demás.			
9. Soy como un país: solo los límites me hacen visible para los demás. Puedo hacerme valer, decir «no», rechazar imposiciones y peticiones, expresar deseos y plantear exigencias.			
10. *No* soy una persona valiosa porque el hecho de caerle bien a todo el mundo, sino porque me gusto a mí mismo, incluso cuando fracaso, porque eso me hace crecer como persona.			

Tal vez el objetivo de aumentar tu puntuación en un solo punto te parezca poco ambicioso. En ese caso, me gustaría contarte una historia sobre Nasrudín, un personaje del folclore oriental. Nasrudín quería aprender a tocar la guitarra y se dirigió a un viejo y sabio profesor:

—¿Cuánto cobra por una clase?

El profesor le dijo:

—La primera semana pagas el precio completo, la segunda solo la mitad, la tercera un cuarto, y así sucesivamente.

Nasrudín reflexionó un rato y luego dijo:

—En ese caso, empezaré la tercera semana enseguida.

En la vida no existen los atajos. El sabio maestro sabía que hay que dar el primer paso, solo entonces se puede avanzar. Si asumes demasiadas cosas, corres el riesgo de bloquearte. Si piensas por etapas, te motivas y te das permiso para cambiar tu comportamiento paso a paso. Puedes registrar estos pequeños éxitos en una agenda en la que cada noche anotes lo que haya ido un poco mejor de lo habitual, y algunas ideas para seguir avanzando poco a poco. Lo importante no es el tamaño de los pasos, sino el hecho de darlos y que la dirección sea la correcta.

He aquí un ejemplo de cómo se pueden hacer realidad los pequeños propósitos con la ayuda de la tabla anterior. ¿Recuerdas a mi cliente Bianca Löffler? Era la mujer que en la fiesta se guardaba para sí sus opiniones sobre el impuesto sobre el patrimonio. Su excesiva reticencia, también en otros ámbitos de la vida, estaba relacionada con la antigua insistencia de sus padres en que no tenía que decir lo que pensaba acerca de todo.

«Tengo derecho a mis sentimientos y pensamientos, independientemente de que les gusten a los demás». Löffler había puntuado esta frase con 10 puntos en el grado de conformidad, pero solo le dio 2 puntos en su puesta en práctica. Esto es lo que hizo para ganar un punto extra: «Hasta ahora, nunca he estado en desacuerdo con Michael, un compañero de trabajo, aunque creo que sus puntos de vista son erróneos. La próxima vez le diré: "Puedes verlo de esa manera. Otra opción es…". Y entonces expondré mi opinión discretamente».

No quiso contradecirle directamente, ni siquiera decir explícitamente que esa era su opinión, pero al menos expuso una opinión diferente. Se atrevió a dar ese pequeño paso. Por otra parte, la intención de llevarle inmediatamente la contraria a su compañero habría sido demasiado para ella.

«Cuando le cuento a otra persona lo que me pasa, le demuestro que confío en ella; eso permite el contacto a nivel visual y refuerza la relación». Estuvo de acuerdo con esto con 9 puntos, pero solo se permitió 3 puntos en la aplicación práctica. Señaló que se trataba de un pequeño paso en la dirección correcta. «Mi madre me invita a menudo. Demasiado a menudo, creo. Sin embargo, casi siempre digo que sí, aunque no tenga tiempo. La próxima vez, le ofreceré una alternativa: "Lo siento, esta semana no puedo…"»

En lugar de rechazar a su madre, lo que le habría resultado demasiado difícil, intentó posponer la cita; esta solución le pareció un puente armonioso entre su antiguo comportamiento y el deseado.

«No soy una persona valiosa por el hecho de caerle bien a todo el mundo, sino porque me gusto a mí misma, incluso cuando fracaso, porque eso me hace crecer como persona». Estaba de acuerdo con esta frase con 10 puntos, pero se dio cuenta de que solo la llevaba a la práctica con 2 puntos, así que decidió pegar un *post-it* en el espejo de su baño para aumentar su puntuación a 3 puntos «¡Me gusto tal y como soy!» a modo de recordatorio de que lo que importa es su opinión sobre sí misma, no la de los demás.

Bianca Löffler sacó de la tabla aún más resoluciones, pequeños cambios, pero todos ellos encaminados en la dirección deseada. Pasaron seis meses antes de que volviera a decirme con orgullo: «Ayer le llevé directamente la contraria a mi compañero Michael, incluso en una reunión. Había vuelto a hacer una previsión de la fecha de entrega de un proyecto demasiado aventurada. No iba a permitirlo. Me resultó más fácil de lo que hubiera creído. Y ni siquiera se sorprendió. Ya lo había advertido en mi actitud, que no me limitaba a asentir con la cabeza». También había mantenido los encuentros con su madre a un nivel razonable, tan paulatinamente y con tanta sensibilidad que las dos seguían manteniendo una buena relación.

Paso a paso, Bianca Löffler había conseguido llevar una vida en armonía con sus convicciones. Se tomaba más en serio sus necesidades y había encontrado una imagen más positiva de sí misma. Se había vuelto más «consciente de sí misma» y ya no ocultaba su autoestima al resto del mundo. Los muchos pequeños pasos la habían llevado a su gran objetivo.

Descubre tu mejor modelo (¡en tu propio espejo!)

Independientemente de cuántos puntos hayas marcado en la puesta en práctica de tus convicciones de la tabla anterior, estoy seguro de que ninguno de estas opiniones se aplica a todos los ámbitos de tu vida: puede que seas capaz de hacerte valer en el trabajo, por ejemplo, como experto en tu campo. Sin embargo, es posible que te resulte difícil defender tus intereses ante tus seres queridos. Por ejemplo, conozco a un amable director gerente que, con los años, ha aprendido a rechazar las peticiones poco razonables de sus empleados y clientes. Sin embargo, en cuanto sus dos hijas, gemelas de ocho años, o su mujer quieren algo de él, se ablanda, aunque vaya en contra de sus propios intereses. Sus retos se circunscriben a la vida familiar. ¿Y a ti? ¿Te ocurre igual o al contrario? ¿Eres capaz de jugar bien tus cartas con la gente en la que confías? ¿Algunas veces les dices a tus amigos que no te apetece algo, pero en el trabajo te resulta increíblemente difícil decir que no?

Hace unos años asesoré a un comercial que sabía hacerse valer en su vida privada, pero en cuanto su jefe venía a verle y le pedía algo, ponía buena cara y aceptaba. Sus retos residían en su vida profesional.

Nadie es siempre amable. Cuanta más distancia tomes a la hora de observar tu vida, mejor lo sabrás: ¿En qué áreas quiero desarrollarme? ¿Dónde estoy ya un paso por delante y puedo aprender de mí mismo? Este método es muy interesante. Tómate a ti mismo como modelo en tus mejores momentos, y no a los demás.

Las tres tablas siguientes te pondrán en el buen camino. En primer lugar, se enumeran tres ámbitos de la vida: vida profesional, vida familiar y vida privada, seguidos de las personas con las que puede que tengas que tratar en estos ámbitos. Por favor, asigna un valor en la escala entre 1 (me resulta extremadamente fácil hacerme valer en este ámbito o con estas personas) y 10 (me resulta extremadamente difícil):

Ámbito de vida 1: Vida profesional

Ámbito/Personas	Valor (1-10)
Vida profesional en general	
Superior directo	
Alto directivo	
Empleado subordinado	
Compañero	
Becario	
Cliente	
Socio comercial	
...	
...	

Ámbito de vida 2: Vida familiar

Ámbito/Personas	Valor (1-10)
Vida familiar en general	
Pareja	
Padre	
Madre	
Hijo	
Hija	
Abuela	
Abuelo	
...	
...	

Ámbito de vida 3: Vida privada

Área/Personas	Valor (1-10)
Vida privada en general	
Viejo amigo	
Amigo reciente	
Buen amigo	
Compañero de club	
Vecino	
Conocido	
Persona con quien solo tienes conversaciones triviales	
...	
...	

¿Cómo ha quedado tu tabla? ¿Dónde están los números más bajos? ¿En qué ámbito de tu vida rindes más? ¿Por qué te resulta más fácil? Supón que trasladas este comportamiento a otro ámbito de la vida o a otra persona, ¿qué oportunidades podría ofrecerte? ¿Y en qué medida puede ampliarse este comportamiento con respecto a otras personas y otros ámbitos?

Las siguientes preguntas te ayudarán a aprovechar tu potencial de forma específica:

Ámbito de vida 1: Vida profesional

¿A quién te resulta más fácil enfrentarte en tu vida profesional?

¿Qué diferencia a esta persona del resto?

¿Cómo explicas que tu seguridad interior al tratar con esta persona sea mayor de lo habitual? ¿Qué valores y objetivos te guían?

¿En qué situación te distanciaste de esa persona? ¿Cómo se habría dado cuenta un observador de que estabas más serio de lo normal?

___

___

___

¿De qué persona de tu vida profesional te resulta más difícil distanciarte?

___

___

___

¿Cuál de tus necesidades satisfaces aquí siendo complaciente y amable?

___

___

___

¿Qué diferencia hay en el trato con la persona mencionada anteriormente?

___

___

___

Suponiendo que trasladaras tu comportamiento decidido descrito anteriormente a tu trato con esta persona, ¿qué podría cambiar en el mejor de los casos?

___

___

___

¿En qué situaciones has conseguido actuar con más decisión frente a esa persona y qué puedes aprender de ello?

Extrae del ejercicio intenciones concretas sobre cómo puedes reafirmarte mejor en tu vida profesional en el futuro. ¿Qué puedes aprender de ti mismo? ¿Cómo actuarás si vuelve a presentarse una situación así? Visualízalo en detalle y ponlo en práctica.

Ámbito de vida 2: Vida familiar

¿A quién te resulta más fácil enfrentarte en la vida familiar?

¿Qué diferencia a esta persona del resto?

¿Cómo explicas que tu seguridad interior al tratar con esta persona sea mayor de lo habitual? ¿Qué valores y objetivos te guían?

¿En qué situación te distanciaste de esa persona?

¿Cómo se habría dado cuenta un observador de que estabas más serio de lo normal?

¿De qué persona de tu familia te resulta más difícil distanciarte?

¿Cuál de tus necesidades satisfaces aquí siendo complaciente y amable?

¿Qué diferencia hay en el trato con la persona mencionada anteriormente?

Suponiendo que trasladaras tu comportamiento decidido descrito anteriormente al trato con esta persona, ¿qué podría cambiar en el mejor de los casos?

¿En qué situaciones has conseguido adoptar una postura más decidida frente a esa persona y qué puedes aprender de ello?

Extrae del ejercicio resoluciones concretas sobre cómo reafirmarte mejor en tu vida familiar en el futuro. ¿Qué puedes aprender de ti mismo? ¿Cómo actuarás exactamente si vuelve a producirse una situación así? Visualízalo en detalle y ponlo en práctica.

Ámbito de vida 3: Vida privada

¿A quién te resulta más fácil enfrentarte en tu vida privada?

¿Qué diferencia a esta persona del resto?

¿Cómo explicas que tu seguridad interior al tratar con esta persona sea mayor de lo habitual? ¿Qué valores y objetivos te guían?

¿En qué situación te distanciaste de esa persona?

¿Cómo se habría dado cuenta un observador de que estabas más serio de lo normal?

¿De qué persona de tu vida privada te resulta más difícil distanciarte?

¿Cuál de tus necesidades satisfaces aquí siendo complaciente y amable?

¿Qué diferencia hay en el trato con la persona mencionada anteriormente?

Suponiendo que trasladaras tu comportamiento decidido descrito anteriormente al trato con esta persona, ¿qué podría cambiar en el mejor de los casos?

¿En qué situaciones has conseguido actuar con más decisión frente a esa persona y qué puedes aprender de ello?

Extrae del ejercicio resoluciones concretas sobre cómo reafirmarte mejor en tu vida privada en el futuro. ¿Qué puedes aprender de ti mismo? ¿Cómo actuarás exactamente si vuelve a producirse una situación así? Visualízalo en detalle y ponlo en práctica.

Tu viaje hacia la nueva amabilidad

¿Qué crees que cambiará en tu vida como resultado de este libro? ¿Cómo puedes optar por la amabilidad saludable que te sirve frente a la amabilidad malsana que te perjudica? La amabilidad malsana se caracteriza por tres signos:

1. No eres amable por voluntad propia, sino porque no puedes evitarlo, aunque ello te perjudique.

2. Te niegas a ti mismo y a tus necesidades para complacer a los demás. Como te importan tanto los demás y sus opiniones, te causas disgustos a ti mismo.
3. Pagas una elevada factura en el restaurante de la vida, mientras otros beben a sorbos la cerveza gratis de tu amabilidad sin devolver nunca nada.

Despójate de esa forma de amabilidad, porque no es más que una máscara que te pones para agradar a los demás. Muéstrate al mundo tal y como eres, con tu lado luminoso y tu lado oscuro. Expresa aquello que es importante para ti, porque tienes derecho a satisfacer tus necesidades. Exige a los demás lo que necesites, porque tienes derecho a exigir. Y abre tu mente y deja que tus pensamientos vuelen por el mundo como mariposas de colores, ya sean alocados, críticos y impopulares; cada pensamiento que compartes hace que el mundo sea más colorido y rico.

Concédete el derecho a tomarte en serio y a escucharte. Haz menos para convencer a los demás y más por convicción interior; haz menos para convencer a los demás y más para ganar tú. Solo cuando te mantengas firme contigo mismo, los demás te apoyarán. No porque cumplas sus expectativas, sino por ser quien realmente eres: la persona única que has nacido para ser. No tienes por qué doblegarte, fingir o disfrazarte.

Si en el pasado has sufrido por tu amabilidad malsana, es porque esta nunca fue capaz de traerte el resultado deseado, el reconocimiento y el amor de los demás:

- Si le caes bien a los demás porque les dices lo que quieren oír, entonces no les caes bien, solo les gusta tu máscara.
- Si los demás te aprecian porque siempre eres amable, entonces no te aprecian, solo les gusta tu forma de actuar.
- Si le caes bien a alguien porque siempre le ayudas a salir de apuros, entonces su simpatía no es por ti, sino solo por el salvavidas que le ofreces.

Cualquier afecto que ganes con una amabilidad malsana carece de valor: no es para ti, sino para la persona que finges ser. Solo te apreciarán *realmente* si muestras quién eres *realmente*. Entonces, el afecto será por la esencia de tu personalidad. Este es el más hermoso de todos los sentimientos: agradar a otra persona sin tener que pagar por ello con favores; ganarte su respeto sin tener que sacrificar tu autoestima por ello. Puedes ser quien tú eres, y no quien se espera que seas.

Date cuenta de que la autenticidad puede ser un actitud social y solidaria. Cuando te tomas en serio tus necesidades, no le estás quitando nada a nadie. Cuidado y autocuidado, respeto y autoestima, necesidades propias y demandas sociales, son cosas que se complementan bien. Estos polos son como tus dos piernas. Necesitas ambas para mantenerte en pie con seguridad. Si solo piensas en tus propias necesidades, caes en un frío egoísmo. Y si solo piensas en las necesidades de los demás, caes en la heteronomía. Sin embargo, si aceptas ambos polos y los combinas, tu vida adquirirá una nueva calidad.

Deja que las siguientes ideas calen hondo en ti:

- Puedes entregarte sin perderte a ti mismo. La dedicación es mayor cuando permaneces consciente de ti mismo.
- Se puede ser amable y complaciente sin sacrificarse. La amabilidad es más auténtica cuando no es a costa tuya.
- Se puede comprender a los demás sin renunciar a los propios puntos de vista. La empatía resulta más creíble cuando va acompañada de honestidad.
- Puedes luchar por tus intereses sin perjudicar a los demás.
- Puedes decir que no a los demás sin ofenderles.
- Puedes ocupar un espacio para ti sin empujar a los demás hacia atrás.
- Puedes conseguir más si solo utiliza el 85% de tu capacidad y mantienes el resto oculto en la reserva[87].

La amabilidad saludable significa tratar a los demás con respeto, pero al mismo tiempo manteniendo tus límites. Esta vida más plena te lleva a una plenitud interior que puedes compartir con los demás. Complaces a los demás porque no quieres complacerlos.

No obstante, la amabilidad saludable también significa que algunas personas se alejarán. Los que se han aprovechado de ti, pero ya no pueden hacerlo, se alejarán. Los que solo han llorado contigo, pero ya no pueden llorar, se alejarán de ti. Y los que solo se han aprovechado de tu amistad, pero no te han dado nada a cambio, se alejarán de ti si ya no les sirves. ¿Acaso es eso una pérdida?

Al contrario, ¡ganamos todos! Los vampiros que te chupan la energía no te aprecian, solo quieren aquello que obtienen de ti.

Pon en práctica el contenido de este libro de forma coherente, y te prometo que con tu sana amabilidad atraerás a las personas que son buenas para ti, y repelerás a las personas que antes te han hecho daño.

De este modo, seguirás siendo una buena persona, pero los perros ya no te morderán. Te lo deseo de todo corazón.

Atentamente,
Martin Wehrle

Bibliografía

Amend, Lars, *Why not?* GU, 2018.

Annesley, Mike; Verni, Ken A., *Practical Mindfulness: A Step-by-Step guide,* DK, 2007. [Trad. Cast., *Mindfulness práctico. Guía paso a paso.* Gaia Ediciones, 2016.]

Aristoteles, *Ética nicomáquea*. RBA, 2007.

Bach, George R.; Goldberg, Herb, *Creative Aggression: The Art of Assertive Living*, Wellness Inst, 1974.

Berckhan, Barbara, *Die etwas gelassenere Art, sich durchzusetzen*. Heyne, 2003

Bjork Harris, Amy; Harris, Thomas A., *Staying OK,* Harper Collinns, 1987. [Trad. Cast., *Para estar siempre bien*, Grijalbo, 1993.]

Branden, Nathaniel, *Six Pillars of Self-Esteem*. Random House, 1995. [Trad. Cast., *Los seis pilares de la autoestima,* Ediciones Paidós, 2011.]

Braun, Roman, *Die Macht der Rhetorik*, Redline, 2018

Burck, Eskil, *Neue Psychologie der Beeinflussung*, BoD, 2016

Cain, Susan, *Quiet Power: The Secret Strengths of Introverts,* Rocky Pond Books, 2016. [Trad. Cast., *El poder silencioso: la fuerza de secreta de los introvertidos*, Ed. Puesta al día, 2018.]

Covey, Stephen R., *The 7 Habits of Highly Effective People*. Simon & Shuster, 2004. [Trad. Cast., *Los 7 hábitos de la gente altamente efectiva: lecciones magistrales sobre el cambio personal*, Ediciones Paidós, 2008.]

Davis Bush, Ashley, *The Little Book of Inner Peace: Simple Practices for Less Angst, More Calm*, Gaia, 2017. [Trad. Cast., *El pequeño libro de la paz interior: prácticas sencillas para vivir con calma y sin agobios*, Gaia Ediciones, 2017.]

Dueck, Gunter, *Schwarmdumm*, Campus, 2015

Duhigg, Charles, *The Power of Habit: Why We Do What We Do, and How to Change*. William Heinemann, 2012. [Trad. Cast., *El poder de los hábitos: por qué hacemos lo que hacemos en la vida y en la empresa*, Urano, 2012.]

Ehrhardt, Ute, *Gute Mädchen kommen in den Himmel, böse überall hin*. Fischer, 2001. [Trad. Cast., *Las chicas buenas van al cielo y las malas a todas partes*, Debolsillo, 2003.]

Esser, Michael; Schmitt, Tom, *Status-Spiele*, Scherz, 2009

Fensterheim, Herbert; Bear, Jean, *Don't Say Yes When You Want to Say No*, Bantm Doubleday Dell, 1975. [Trad. Cast., *No diga sí cuando quiera decir no*, Random House, 2001.]

Freud, Anna, *Das Ich und die Abwehrmechanismen*, Fischer, 1984. [Trad. Cast., *El yo y los mecanismos de defensa*, Ediciones Paidós, 1997.]

Fromm, Erich, *Die Kunst des Liebens*, Ullstein, 2005. [Trad. Cast., *El arte de amar: una investigación sobre la naturaleza del amor*, Ediciones Paidós, 2000.]

Goleman, Daniel. *Working with Emotional Intelligence*, Bantman, 2000]. [Trad. Cast., *Inteligencia emocional en la empresa*, Debolsillo, 2019.]

Greene, Robert, *The 48 Laws Of Power*, Profile Books, 2000. [Trad. Cast., *Las 48 leyes del poder*, Espasa, 2012.]

Jung, Mathias, *Mut zum Ich*, Dtv, 2004

Harari, Yuval Noah, *Sapiens: A Brief History of Humankind*, Random House, 2015. [Trad. Cast., *Sapiens. De animales a dioses: Breve historia de la humanidad*, Debate, 2015.]

Kishimi, Ichiro; Koga, Fumitake, *The Courage to Be Disliked: A single book can change your life*, Allen & Unwin, 2018. [Trad. Cast., *Atrévete a no gustar: libérate de tus miedos y alcanza la verdadera felicidad*, Zenith, 2018.]

Kolbusa, Matthias, *Gegen den Schwarm*, Ariston, 2014

Kopp-Wichmann, Roland, *Ich kann auch anders*, Herder, 2010

Lauster, Peter, *Lassen Sie der Seele Flügel wachsen*, Rowohlt, 1988

Lelord, François; André, Christophe, *L'Estime de soi: S'aimer pour mieux vivre avec les autres*, Odile Jacob, 2011. [Trad. Cast., *La autoestima: gustarse a sí mismo para mejor vivir con los demás*, Ed. Kairós, 2012.]

Lindau, Veit, *Heirate dich selbst*. Kailash, 2013

Maquiavelo, Nicolás, *El príncipe*, Literatura Pública, 2021.

Magnet, Sabine, *Und was, wenn alle merken, dass ich gar nichts kann?*, Mvg, 2018

Merkle, Rolf, *So gewinnen Sie mehr Selbstvertrauen*, PAL, 2014

Nöllke, Matthias, *Schlagfertigkeit*, Haufe, 2015

Pépin, Charles, *La Confiance en Soi: Une Philosophie*, Pocket, 2021. [Trad. Cast., *La confianza en uno mismo: una filosofía*, Editorial Ariel, 2019.]

Radecki, Monika, *Nein sagen*, Haufe, 2012

Rosenberg, Marshall B., *Nonviolent Communication: A Language of Life*, Puddle Dancer Press, 2015. [Trad. Cast., *Comunicación no violenta. Un lenguaje de vida*, Gran Aldea, 2006.]

Schlippe von, Arist; Schweitzer, Jochen, Systemische Interventionen. Vandenhoeck & Ruprecht, 2010. [Trad. Cast., *Manual de terapia y asesoría sistémicas*, Herder Editorial, 2003.]

Schmidbauer, Wolfgang, *Hilflose Helfer*, Rowohlt, 2018

Seligman, Martin E. P., *Erlernte Hilflosigkeit*, Belz, 2011

Sellin, Rolf, *Wenn die Haut zu dünn ist*, Kösel, 2011

— *Bis hierher und nicht weiter*, Kösel, 2014

Senftleben, Ralf, *Entdecke deine Willenskraft*, GU, 2019

Servan-Schreiber, David, *Guérir: Le Stress, l' anxiété et La Dépression Sans Médicaments Ni Psychanalyse*, Robert Laffont Résponses, 2003. [Trad. Cast., *Curación emocional: acabar con el estrés, la ansiedad y la depresión sin fármacos ni psicoanálisis*, Debolsillo, 2010.]

Smith, Manuel, *When I Say No, I Feel Guilty*, Bantam, 2011. [Trad. Cast., *Cuando digo no, me siento culpable*, Debolsillo, 2010.]

Stahl, Stefanie, *Das Kind in dir muss Heimat finden*, Kailash, 2015. [Trad. Cast., *Encuentra el hogar para tu niño interior: claves para volver a disfrutar de la vida*, Ed. Puesta al día, 2018.]

Stappen van, Anne, *Petit cahier d'exercices pour s'affirmer et (enfin) oser dire non,* Éditions Jouvence, 2017. [Trad. Cast., *Ejercicios para afirmarse y atreverse a decir no*, Terapias Verdes, 2011.]

Strelecky, John, *The Big Five for Life*, Piatkus, 2010.

Stritzelberger, Reinhold, *Selbstmotivation*, Haufe, 2015

Tepperwein, Kurt, *Die geistigen Gesetze*, Arkana, 2002

Watzlawick, Paul, *Wie wirklich ist die Wirklichkeit?*, Piper, 2005. [Trad. Cast., *¿Es real la realidad?: confusión, desinformación, comunicación*, Heder Editorial.]

Wehrle, Martin, *Bin ich hier der Depp?*, Mosaik, 2013

— *Herr Müller, Sie sind doch nicht schwanger?!*, Mosaik, 2014

— *Sei einzig, nicht artig!*, Mosaik, 2015

— *Die Coaching-Schatzkiste*, ManagerSeminare, 2020

— *Ich könnte ihn erwürgen*, Mosaik, 2020

Weidner, Jens, *Die Peperoni-Strategie*, Campus, 2005

— *Hart, aber unfair*. Campus, 2013 [Trad. Cast., *No te cortes: la agresividad positiva en el trabajo*, Gestión 2000, 2007.]

Wiseman, Richard, *59 Seconds: Change Your Life in Under a Minute*, Knopf Doubleday Pub. Group, 2010. [Trad. Cast., *59 segundos: piensa un poco para cambiar mucho*, RBA Libros, 2010.]

Wlodarek, Eva, Mich übersieht keiner mehr. Fischer, 1999. [Trad. Cast., *Tener carisma: aprende a brillar con luz propia*, Grijalbo, 1998.]

Zurhorst, Eva-Maria, *Liebe dich selbst und es ist egal, wen du heiratest*, Goldmann, 2009.

Notas

1 Harari, Yuval Noah, *Sapiens. De animales a dioses: Breve historia de la humanidad*, Debate, 2015.

2 Rifkin, Jeremy, *La civilización empática.* Ediciones Paidós, 2010

3 Abels, Heinz; König, Alexandra, *Sozialisation.* VS Verlag, 2010

4 Wehrle, Martin, *Sei einzig, nicht artig!* Mosaik, 2015

5 Niazi-Shahabi, Rebecca, *Soy una mierda y quiero seguir siéndolo.* Anaya Multimedia, 2020.

6 Schmidbauer, Wolfgang, *Hilflose Helfer.* Rowohlt, 2018

7 Annesley, Mike; Verni, Ken A., *Mindfulness práctico. Guía paso a paso.* Gaia Ediciones, 2016.

8 Strelecky, John, *The Big Five for Life.* Piatkus, 2010.

9 Wiseman, Richard, *59 segundos: piensa un poco para cambiar mucho*, RBA Libros, 2010.

10 Kolbusa, Matthias, *Gegen den Schwarm.* Ariston, 2014.

11 hbr.org, «Your most helpful colleague (Don't you hate him?)», 20.09.2010

12 Frenkel-Brunswik, Else, «Intolerance of Ambiguity as an Emotional and Perceptual Personality Variable». *Journal of Personality 18,* 1949.

13 Tepperwein, Kurt, *Die geistigen Gesetze.* Arkana, 2002

14 Todos los nombres de los clientes han sido modificados para proteger su identidad.

15 Cain, Susan, *El poder silencioso: la fuerza de secreta de los introvertidos*, Ed. Puesta al día, 2018.

16 Knischek, Stefan, *Grundlagen der Wirtschaftsmoral.* Springer Gabler, 2019.

17 Spiegel-Online, «Warum nette Menschen eher Geldprobleme haben», 12.10.2018.

18 Schaefer, Klaus, *Kulturelle Identität.* Der andere Verlag, 2009.

19 Servan-Schreiber, David, *Curación emocional: acabar con el estrés, la ansiedad y la depresión sin fármacos ni psicoanálisis*, Debolsillo, 2010.

20 Beck, Gloria, *Verbotene Rhetorik.* Piper, 2009.

21 Bach, George R.; Goldberg, Herb, Creative Aggression: The Art of Assertive Living, Wellness Inst, 1974.

22 Weidner, Jens, *Die Peperoni-Strategie.* Campus, 2005.

23 Pépin, Charles, *La confianza en uno mismo: una filosofía*, Editorial Ariel, 2019.

24 Erhardt, Ute, *Las chicas buenas van al cielo y las malas a todas partes*, Debolsillo, 2003.

25 Goleman, Daniel. *Inteligencia emocional en la empresa*, Debolsillo, 2019.

26 morgenpost.de, *«Können Männer zu nett sein?»*, 30.10.2005

27 veáse Pépin, 2019.

28 Nietzsche, Friedrich, *Así habló Zarathustra*, Vision Libros, 2002.

29 Greene, Robert, *Las 48 leyes del poder*, Espasa Libros, 2012.

30 Watzlawick, Paul, *¿Es real la realidad?: confusión, desinformación, comunicación*, Heder Editorial.

31 harvardbusinessmanager.de, *«Warum man nicht zu nett sein sollte»*, 30.03.2015

32 Bjork Harris, Amy; Harris, Thomas A., *Para estar siempre bien*, Grijalbo, 1993.

[33] Bierhoff, Hans-Werner, *Sozialpsychologie.* Kohlhammer, 2006

[34] Braun, Roman, *Die Macht der Rhetorik.* Redline, 2018

[35] Wlodarek, Eva, *Tener carisma: aprende a brillar con luz propia,* Grijalbo, 1998.

[36] véase Servan-Schreiber, 2010.

[37] freundin.de, «Studie: Mit diesen Dingen machen Sie sich sofort unbeliebt», 23.09.2017

[38] Fox Cabane, Olivia, *El mito del carisma: c*ómo cualquier persona perfeccionar el arte del magnetismo personal. Empresa Activa, 2012.

[39] Nasher, Jack, *Deal.* Goldmann, 2019

[40] Die Zeit, «Arbeitswelt: Bitte nicht so freundlich», 01.09.2005

[41] Loyd, Alex; Johnson, Ben, *El código de curación: 6 minutos para sanar la fuente de cualquier problema de salud, éxito y relaciones personales,* Edaf, 2011.

[42] Freud, Anna, *El yo y los mecanismos de defensa,* Ediciones Paidós, 1997.

[43] Lauster, Peter, *Lassen Sie der Seele Flügel wachsen.* Rowohlt, 1988

[44] Lindau, Veit, *Heirate dich selbst.* Kailash, 2013

[45] Kopp-Wichmann, Roland, *Ich kann auch anders.* Herder, 2010

[46] Harris, Russ, *La trampa de la felicidad: deja de sufrir, comienza a vivir,* Planteta, 2017.

[47] Telfener, Umberta, *Me he casado con un narciso: manual de supervivencia para mujeres enamoradas,* Arcopress Ediciones, 2008.

[48] Esser, Michael; Schmitt, Tom, *Status-Spiele.* Scherz, 2009

[49] Merkle, Rolf, *So gewinnen Sie mehr Selbstvertrauen.* PAL, 2014

[50] Marson, Jacqui, *La trampa de la amabilidad: aprende a decir no y libérate de las demandas excesivas de los demás,* Urano, 2014.

[51] Sprenger, Reinhard K., *El mito de la motivación: cómo escapar de un callejón sin salida,* Ediciones Díaz de Santos, 2005.

52 Jung, Mathias, *Mut zum Ich*, Dtv, 2004

53 Wehrle, Martin, *Die Coaching-Schatzkiste*. managerSeminare, 2020

54 NDR Info, «Britta Steffen zu Gast bei »Meyer-Burckhardts Frauengeschichten», 01.11.2019

55 Kishimi, Ichiro; Koga, Fumitake, *Atrévete a no gustar: libérate de tus miedos y alcanza la verdadera felicidad*, Zenith, 2018.

56 Burck, Eskil, *Neue Psychologie der Beeinflussung*. BoD, 2016

57 Covey, Stephen R., *Los 7 hábitos de la gente altamente efectiva: lecciones magistrales sobre el cambio personal*, Ediciones Paidós, 2008.

58 Branden, Nathaniel, *Los seis pilares de la autoestima,* Ediciones Paidós, 2011.

59 faz.net, «Chef werden? Nein, danke!», 18.09.2019

60 Davis Bush, Ashley, *El pequeño libro de la paz interior: prácticas sencillas para vivir con calma y sin agobios*, Gaia Ediciones, 2017.

61 karrierebibel.de, «Respekt! So gewinnen Sie mehr Ansehen im Job». 08.09.2019

62 Sellin, Rolf, *Bis hierher und nicht weiter.* Kösel, 2014

63 Rosenberg, Marshall B., *Comunicación no violenta. Un lenguaje de vida*, Gran Aldea, 2006.

64 Weidner, Jens, *No te cortes: la agresividad positiva en el trabajo*, Gestión 2000, 2007.

65 Maquiavelo, Nicolás, *El príncipe*, Literatura Pública, 2021.

66 Tolle, Eckhart, *El poder del ahora: un camino hacia la relización espiritual*, Gaia Ediciones, 2001.

67 Nöllke, Matthias, *Schlagfertigkeit*. Haufe, 2015

68 Senftleben, Ralf, *Entdecke deine Willenskraft*. GU, 2019

69 Sher, Barbara, *Cómo conseguir lo que realmente quieres*, Ediciones Obelisco, 2013.

[70] https://domianarchiv.de, 14.10.2009 (Emisión WDR)

[71] Radecki, Monika, *Nein sagen*. Haufe, 2012

[72] Jachtchenko, Wladislaw, *Schwarze Rhetorik.* Goldmann, 2018

[73] Stappen van, Anne, *Ejercicios para afirmarse y atreverse a decir no*, Terapias Verdes, 2011.

[74] Schlippe von, Arist; Schweitzer, Jochen, *Manual de terapia y asesoría sistémicas*, Herder Editorial, 2003.

[75] Sellin, Rolf, *Wenn die Haut zu dünn ist.* Kösel, 2011

[76] Fensterheim, Herbert; Bear, Jean, *No diga sí cuando quiera decir no*, Random House, 2001.

[77] Smith, Manuel, *Cuando digo no, me siento culpable*, Debolsillo, 2010.

[78] Wehrle, Martin, *Ich könnte ihn erwürgen.* Mosaik, 2020

[79] véase Smith, 2010.

[80] Wehrle, Martin, *Herr Müller, Sie sind doch nicht schwanger?!* Mosaik, 2014

[81] Lelord, François; André, Christophe, *La autoestima: gustarse a sí mismo para mejor vivir con los demás*, Ed. Kairós, 2012.

[82] Stritzelberger, Reinhold, *Selbstmotivation.* Haufe, 2015

[83] Asgodom, Sabine, *Eigenlob stimmt.* Econ, 2018

[84] Magnet, Sabine, *Und was, wenn alle merken, dass ich gar nichts kann?*, Mvg, 2018

[85] Wehrle, Martin, *Bin ich hier der Depp?* Mosaik, 2013

[86] Berckhan, Barbara, *Die etwas gelassenere Art, sich durchzusetzen.* Heyne, 2003

[87] Dueck, Gunter, *Schwarmdumm.* Campus, 2015

Glosario

A

B

C

D

E

F

G

H

V

Z

Otros títulos de la colección:

Manual del monje para encontrar la alegría
Khangser Rinpoche

Lo que me gustaría decirte
Emeric Lebreton

Trabaja tus sombras
Isabelle Cerf